Rainer Brunner

Mohammed

Wissen, was stimmt

W0068275

Das Buch

Wer war Mohammed? Und wer ist er heute? In der Figur des Propheten
bündelt sich ein religiös und ideologisch motivierter Kampf um »Wahr-
heiten«. Beginnend bei der Frage der historischen Person Mohammed über
christliche Polemik wider den Islam bis hin zum Karikaturenstreit unserer
Tage. Rainer Brunner beleuchtet das historische Umfeld des Propheten,
seine Funktion als Staatsmann und Religionsstifter, die Wirkung
Mohammeds auf das islamische Recht, die Geschichtsschreibung und
Volksfrömmigkeit. Und auf die Rolle Mohammeds im »Kampf der Kulturen« heute.

Der Autor

Rainer Brunner, Dr. phil., geb. 1964; Privatdozent für Islamwissenschaft am
Orientalischen Seminar der Universität Freiburg. Seit 2005 Directeur de
recherche am CNRS (Paris); zahlreiche Publikationen, unter anderem zum
Thema Islam in Deutschland.

Rainer Brunner

Mohammed

Wissen, was stimmt

HERDER

FREIBURG · BASEL · WIEN

HERDER spektrum Band 6231

MIX
Papier aus verantwor-
tungsvollen Quellen
FSC
www.fsc.org
FSC® C106847

Originalausgabe

© Verlag Herder GmbH, Freiburg im Breisgau 2011
Alle Rechte vorbehalten
www.herder.de

Umschlagkonzeption: Agentur RME Roland Eschlbeck
Umschlaggestaltung: Verlag Herder
Umschlagmotive: © Interfoto / vario images

Herstellung: fgb · freiburger graphische betriebe
www.fgb.de

Printed in Germany

ISBN 978-3-451-06231-5

Inhalt

Wie tolerant ist der Islam?
Muslime, Nichtmuslime und Apostaten

Passt der Islam zu Europa?
Mohammed im Kampf der Kulturen

Einleitung

Religionen machen den Umgang der Menschen miteinander nicht eben einfacher. Nicht nur, dass sich ihre Anhänger bisweilen mühselige Rituale und religionsgesetzliche Verpflichtungen auferlegen und sich schwer damit tun, Abweichler in den eigenen Reihen zu ertragen – auch beim Kontakt mit anderen Religionen und Kulturen kommt es immer wieder zu Verstimmungen, die nur allzu leicht in wechselseitige Polemik oder, schlimmer noch, Krieg ausarten. Die Frage, ob der Unfriede im Wesen der Religionen selbst liegt oder umgekehrt nur einen Missbrauch von an sich friedlichen ethischen »Werten« (wie zu sagen man sich heute angewöhnt hat) darstellt, kann und soll auch auf den folgenden Seiten nicht entschieden werden. Die Antwort darauf liegt, wie so vieles auf diesem Gebiet, im Auge des Betrachters.

Wenn Religionen einander begegnen

Unabweisbar ist indes, dass gerade das Verhältnis von Christentum und Islam, oder platter gesagt: von Abendland und Orient, Belege zuhauf für diese These bietet. Daran haben auch Aufklärung und Säkularisierung im Westen nichts

Mohammed und die kulturelle Identität

Grundsätzliches geändert, denn zum einen stehen auch und gerade säkulare Menschen dem Phänomen des Religiösen zumeist skeptisch gegenüber, umgekehrt fürchten Religionen gemeinhin den Säkularismus wie der Teufel das Weihwasser. Zwei Kennzeichen stechen bei diesem Konflikt durch die Jahrhunderte in erster Linie hervor: fast alle westlichen Polemiken gegen den Islam, gleichgültig, ob religiös oder säkular motiviert, nehmen früher oder später Mohammed ins Visier, der von den Muslimen wiederum als Stifter ihrer Religion und überhaupt als der letzte und damit endgültige Prophet verehrt wird. Und immer sind es Vertreter derjenigen Kultur, die sich gerade in der Defensive wähnt, die (mitunter nicht nur verbal) besonders rabiat zu Werke gehen. Das gilt im Mittelalter und der frühen Neuzeit für die von muslimischer Expansion und Türkengefahr geplagten Christen ebenso wie seit dem neunzehnten Jahrhundert für die von europäischer Übermacht ins Wanken gebrachten Muslime. Stets ist es die eigene kulturelle Identität, die man in Gefahr sieht.

Der Prophet und der Fußball

Das ist im Wesentlichen bis heute so geblieben, wie man beim täglichen Blick in die Zeitung leicht feststellen kann. Gerade in Zeiten einer größer werdenden muslimischen Präsenz in Europa funktionieren die alten Reflexe auf beiden Seiten unvermindert. Der einzige Unterschied zu früheren Auseinandersetzungen scheint darin zu bestehen, dass sich beide Konfliktparteien mittlerweile gleichzeitig durch die jeweils andere

Seite in ihrer kulturellen Identität bedroht fühlen. Das muss nicht immer so dramatische Formen annehmen wie beim Karikaturenstreit im Februar 2006. Für mediales Nervenflattern reicht es bereits, wenn, wie im Sommer 2009 geschehen, bekannt wird, dass sich im Vereinslied von Schalke 04 die Zeile findet: »Mohammed ist ein Prophet, der vom Fußballspielen nichts versteht.« Das war auf der rein faktischen Ebene immer zu vermuten, aber die Frage, ob es sich dabei um Blasphemie handle, beschäftigte die deutsche Presse mehrere Wochen lang durchaus ernsthaft. Sie wurde letzten Endes durch beruhigende Rechtsgutachten von muslimischer Seite beigelegt.

Wer war nun dieser Mohammed, jene Figur des siebten Jahrhunderts, die noch die Menschen des 21. Jahrhunderts weltweit derart umtreibt? Das vorliegende Büchlein kann darauf, das sei von vornherein eingestanden, keine Antwort geben. Zu viel haben wir in den letzten Jahrzehnten in dieser Hinsicht an Gewissheiten eingebüßt. Die Zeiten, da man, wie der französische Orientalist Ernest Renan 1851, sagen konnte, der Islam sei »im vollen Lichte der Geschichte« entstanden und das Leben seines Gründers sei mithin so bekannt wie das der Reformatoren des sechzehnten Jahrhunderts, sind längst vorbei. Der wissenschaftliche Zweifel macht nicht einmal mehr vor den Fundamenten halt – angefangen mit der zeitlichen Einordnung und der geographischen Bühne des Geschehens bis hin, im Extremfall, zur Frage, ob Mohammed denn überhaupt gelebt

»Im vollen Lichte der Geschichte«?

hat. Generell stellt sich die Frage, ob mit einer Beschränkung auf den Lebensweg Mohammeds für das Verständnis heutiger Konflikte viel gewonnen wäre.

Gewissheiten oder Fragen

Lohnender erscheint es allemal, der Frage nachzugehen, worin seine Wirkung auf das muslimische Selbstverständnis liegt und warum heutige Kontroversen auf verschiedenen Gebieten so sehr von ihm abhängig sind. Wenn der Leser am Ende weniger Gewissheiten, aber dafür mehr neugierige Fragen hat, hätte dieses Buch seinen Zweck mehr als erfüllt.

Ein letztes noch: Götter, Offenbarungen, Propheten, Heilige Schriften, gleich welcher Religion, sind das immer nur für den, der an sie glaubt. Wenn diese Wörter auf den folgenden Seiten kommentarlos verwendet werden, ist damit keinerlei Wertung verbunden.

Die Quellen und ihre Problematik

Was wissen wir eigentlich von Mohammed?

Die traditionelle Mohammed-Vita

Der Vorhang hebt sich im letzten Drittel des sechsten nachchristlichen Jahrhunderts über der Arabischen Halbinsel, einem Gebiet etwa von der Größe des Indischen Subkontinents und zum überwiegenden Teil von lebensfeindlicher Wüste bedeckt, genauer: über ihrem westlich-zentralen Teil, Hedschas genannt. Dort wurde, muslimischer Überlieferung zufolge im sogenannten »Jahr des Elefanten«, in der Stadt Mekka Mohammed geboren. Wann das genau war, ist umstritten, die vage Anspielung des Korans (Sure 105) lässt keine genaue Datierung zu, und die Traditionen, die die obskuren Verse auslegen, widersprechen einander zum Teil erheblich. Die üblicherweise genannte Jahreszahl 570 ist darum mit Vorsicht zu genießen.

Geburt im »Jahr des Elefanten«

Die Geburt Mohammeds; osmanische Miniatur, 16. Jahrhundert

Die große Politik jener Zeit hat sich für dieses Gebiet nur am Rande interessiert; das Byzantinische Reich und die persischen Sasaniden unterhielten zwar am Nordrand der Halbinsel Vasallenstaaten, scheinen aber nicht direkt in die Geschicke des Hedschas eingegriffen zu haben. Allerdings gab es wohl einen nicht unbeträchtlichen Kultur- und Warenaustausch mit dem südlich gelegenen Jemen. Auch über die religiöse Situation Arabiens vor dem Islam sind wir nur sehr unzureichend unterrichtet. Vieles von dem wenigen, was wir wissen, stammt aus der späteren islamischen Geschichtsschreibung, so etwa aus dem *Götzenbuch* des Ibn al-Kalbi (gest. 819). Diesen Autoren jedoch, die über zwei Jahrhunderte nach den Geschehnissen wirkten, war natürlicherweise daran gelegen, die Offenbarung, die Mohammed überbrachte, als einen möglichst radikalen Bruch mit der Vergangenheit darzustellen. Nicht umsonst wird diese Epoche von ihnen als die Zeit der Unwissenheit (*dschâhiliya*) bezeichnet, als das Heidentum noch nicht zum Eingottglauben Mohammeds bekehrt worden war. Als sicher gilt jedoch, dass bereits das vorislamische Mekka Zentrum eines paganen Kultes war, bei dem alljährliche Wallfahrten und Märkte um die Kaaba abgehalten wurden.

Neben dem Polytheismus, den die muslimische Tradition so deutlich herausstellt, gab es allerdings auch zahlreiche jüdische und christliche Gemeinschaften verschiedener Konfession, ferner andere monotheistische Strömungen, vor allem im südlich gelegenen Königreich von Himyar oder in Äthiopien. Dabei muss man sich immer wieder vor Augen führen, dass Judentum und Christentum noch längst nicht fertig ausformuliert waren und noch keineswegs die Gestalt hatten, in der sie uns heute entgegentreten. So hat sich im Südarabien des vierten Jahrhunderts eine Form des Monotheismus herausgebildet, in deren Mittelpunkt der Gott *ar-Rahmân* stand – was im Islam zu einem der Namen Allahs werden sollte. Sogar die islamische Tradition selbst kommt nicht ohne sogenannte ‹Hanifen› aus, monotheistische Gottsucher, die aber nicht (mehr) Christen oder Juden waren, sondern gewissermaßen als Proto-Muslime betrachtet werden. Auch Allah selbst war in diesem Pantheon kein Unbekannter. Unter seinem Namen wurde an der Kaaba eine Art Hochgott verehrt, zuständig für Beistand in Seenot und daher wohl eher selten im Einsatz, aber er musste sich die Anbetung mit anderen Göttern teilen.

> **Die Gesellschaft, in die Mohammed hineingeboren wird, ist eine Stammesgesellschaft, in der die Loyalität des Individuums zuerst dem eigenen Clan, erst dann dem Stamm gilt. Er selbst gehört der Sippe Haschim an, einem Clan der Quraisch, des seit mehreren Generationen herrschenden Stammes von Mekka.**

Von Mohammeds Kindheit und Jugend ist so gut wie nichts bekannt, was irgendeinen Grad an historischer Wahrscheinlichkeit für sich beanspru-

Legendenhafte Überlieferung

chen könnte. Auch die islamischen Quellen sind in dieser Hinsicht nicht sonderlich auskunftsfreudig; die Autoren sind daran interessiert, was Mohammed nach seinem ersten Auftreten als Prophet wurde, nicht daran, was er vorher gewesen war. Das gilt nicht nur für die Wundererzählungen, die später zur Grundlage jener Mohammed-Frömmigkeit werden sollten, von der noch die Rede sein wird. Auch scheinbar konkrete Begebenheiten sind von legendenhaften Zügen überformt, so etwa die Geschichte des christlichen Mönchs Bahîra aus der südsyrischen Stadt Bosra. Dorthin war Mohammed von seinem Onkel Abu Tâlib – in dessen Obhut er nach dem frühen Tod seiner Eltern aufwuchs – auf eine Handelsreise mitgenommen worden. Bahîra wird seiner ansichtig und entdeckt zwischen seinen Schulterblättern eine, wie es heißt, taubeneigroße Geschwulst, die er als das »Siegel der Propheten« identifiziert. Das andere Ereignis, das in jenen Jahren halbwegs greifbar wird, ist Mohammeds Ehe mit der gleichfalls Handel treibenden, zuvor schon mehrfach verheirateten Chadîdscha, aus der vier Töchter hervorgehen (die Zahl der Söhne ist unklar, aber keiner überlebt das Kindesalter): Zainab, Umm Kulthûm, Ruqayya und Fâtima – letzterer werden wir später, im Zusammenhang mit der Schia, wieder begegnen.

Erste Vision Das Unerhörte ereignet sich, als Mohammed das symbolträchtige Alter von vierzig Jahren erreicht hat. Bei einer seiner asketischen Gebetsübungen am Berge Hîra ereilt ihn eine Vision, die zum Ausgangspunkt seines Wirkens als Prophet wird.

DIE QUELLEN UND IHRE PROBLEMATIK

Nicht Gott selbst erscheint ihm, sondern der Engel Gabriel, der den von der Wucht des Geschehens völlig Verstörten (frühe Traditionen berichten gar von Selbstmordabsichten) auffordert, ihm nachzusprechen: »Lies! Im Namen deines Herrn, der schuf / Erschuf den Menschen aus geronnenem Blut! / Lies, denn dein Herr ist allgütig, / der die Feder gelehrt / Gelehrt den Menschen, was er nicht wusste.« (K 96:1–5)

Beginn des öffentlichen Auftretens

Die Tradition ist sich nicht ganz einig, ob das wirklich die erste Offenbarung war, denn die Aufforderung, etwas vorzulesen, ergibt ja nur dann einen wirklichen Sinn, wenn etwas da ist, was vorzulesen wäre, und auch Mohammed soll zuerst zurückgefragt haben, was er denn lesen solle. Andere Überlieferungen verweisen auf den Beginn von Sure 73 oder 74; aber das tut nicht viel zur Sache. Was zählt, ist Mohammeds Eintritt in die Geschichte, wenngleich bei vorerst noch schwacher Beleuchtung. Denn die Visionen, die von Chadîdscha sowie deren Vetter Waraqa ibn Naufal (der als Christ oder Hanif, jedenfalls aber nicht als Heide geschildert wird) sogleich als göttliche Offenbarung bestätigt werden, versiegen wieder. Erst als sich Gabriel drei Jahre später zurückmeldet, beginnt Mohammeds öffentliches Auftreten als Prophet.

Vertreibung aus Mekka

Aber der Prophet gilt zunächst nichts im eigenen Lande. Der nur langsam wachsenden Zahl an Bekehrten steht die große Zahl seiner mekkanischen Landsleute gegenüber, die ihn ablehnen, ihn für einen Verrückten, einen Zauberer oder, das

Medina

Schlimmste von allem, seine Rede für die eines Dichters halten. In einer Gesellschaft, in der manche Dichter als von einem persönlichen Dämon Besessene betrachtet werden, ist das kein geringer Vorwurf. Weitere Wunder wie eine Mondspaltung oder die berühmte Nachtreise und Himmelfahrt, die die Mohammed-Frömmigkeit später hier verorten wird, ändern daran vorderhand nichts. So bleibt nur der Rückzug. Eine erste Gruppe weicht 615 ins christliche Abessinien aus, dessen Herrscher einem mekkanischen Auslieferungsantrag nicht stattgibt, stattdessen, darauf legt die Tradition wert, gar die Richtigkeit der neuen Lehre bestätigt. Mohammed selbst bleibt noch in Mekka, aber auch für ihn wird der Druck zu groß, zumal 619 sowohl Chadîdscha als auch (der im Gegensatz zu dieser nie formell konvertierte) Abu Tâlib sterben. Ein anderer Onkel, Abu Lahab, ist weniger großzügig und entzieht Mohammed den Schutz des Clans, was ihm später mit dem Bannfluch in Sure 111 des Korans heimgezahlt werden wird. Auch der Prophet muss nun zusehen, seine Haut zu retten; im Juli 622 wird er regelrecht vertrieben und flieht mit seinen Getreuen ins weiter nördlich gelegene Yathrib.

Mohammed in Medina Das Scheitern gerät zum Triumph, so vollständig, dass es binnen kurzem in eine Hidschra, eine »Auswanderung« nämlich und damit ins glatte Gegenteil, umgedeutet und zum Beginn einer neuen, der islamischen, Zeitrechnung wird, und dass Yathrib zur »Stadt des Propheten«, *Madînat an-nabi,* kurz Medina wird. Die Gründe für den unabsehbaren Wandel sind vielfältig. Zum einen kam Mohammed als Außenstehender nach Medina. Die Bindungen an seinen Clan in Mekka hatte er aufgegeben und war stattdessen neue Allianzen eingegangen; seine neuen Verbündeten werden denn auch von der islamischen Tradition als Helfer (*ansâr*, eigentlich »Siegbringer«) bezeichnet. Dazu kommt, dass die beiden bedeutenden medinensischen Sippen der Aus und der Chasradsch miteinander im Streit lagen, Moham-

Die Propheten-moschee in Medina

med also, auch das betont die Überlieferung, als Schiedsrichter willkommen war. Auf religiösem Gebiet standen die Zeichen ebenfalls günstig: nicht nur, dass es in Medina keinen paganen Kult gab, dem Mohammed mit seiner strikten Eingott-Botschaft in die Quere kommen konnte – im Gegenteil: Die Präsenz mehrerer jüdischer Stämme lässt darauf schließen, dass monotheistische Vorstellungen an sich nichts Ungewöhnliches waren.

Mohammed macht sich sogleich ans Werk und erlässt eine häufig so genannte »Gemeindeordnung«, die das Verhältnis zwischen den medinensischen *ansâr* und den mit ihm aus Mekka zugewanderten Neuankömmlingen, den *muhâdschirûn* (»Auswanderer«) regelt. Es ist die Geburtsurkunde seiner eigenen, der muslimischen Gemeinde (*umma*), oder in den Worten Albrecht Noths: Mohammed, der in Mekka wie der potenzielle Zerstörer der Tradition aufgetreten war, begründet in Medina eine neue – er gründet einen islamischen Stamm. Dieser um-

Die Geburt der *umma*

fasst anfangs auch die medinensischen Juden, aber deren Weigerung, Mohammed als Propheten anzuerkennen und damit ganz dem neuen Glauben beizutreten, führt alsbald zur Distanzierung. Die Klage über die Halsstarrigkeit der Juden und (in vorerst noch geringerem Maße) Christen sowie die Heuchelei derer, die den Islam nur zum Schein annehmen, gehört fortan zum Standardrepertoire der Offenbarungen: »Und auch zu dir sandten Wir deutliche Zeichen hernieder, und nur die Frevler glauben sie nicht.« (K 2:99)

> Es bleibt aber nicht allein bei der Klage; die Gebetsrichtung, die bislang nach Jerusalem wies, ändert sich – nicht selbstverständlich, aber folgerichtig – in Richtung Mekka. Ritualpflichten, die den Juden und Christen entlehnt worden waren, etwa beim Fasten, werden verworfen und durch eigene, islamische ersetzt. Wie ja überhaupt die rechtlichen und ordnungspolitischen Vorstellungen, vom Kultus bis zu den Einzelheiten des Erbrechts, die bis heute die weltliche Seite des Islams ausmachen, naturgemäß erst in Medina Gestalt annehmen konnten.

Konsolidierung der Gemeinde

Die Konsolidierung der Gemeinde geschieht auf zwei Ebenen. Nach außen vollzieht sie sich im Krieg gegen die Mekkaner. Die Scharmützel (*maghâzi* genannt) ziehen sich über mehrere Jahre hin, und die Schlachtengemälde, die entworfen werden, sind idealtypisch und eignen sich trefflich zur theologischen Deutung: der Sieg von Badr

DIE QUELLEN UND IHRE PROBLEMATIK

(624) wird in Unterzahl errungen, die Niederlage von Uhud (625) durch schiere Leichtfertigkeit selbst verschuldet, im Grabenkrieg (627) trotzen die Muslime den ratlosen Belagerern, die auf die neue Kriegstechnik, einen Schutzgraben um die Stadt herum auszuheben, nicht gefasst waren. Überdies wird Badr zum Urknall des islamischen Märtyrergedankens: Die Tradition kennt lange Listen mit den Namen derer, die im Zuge des »Kampfes auf dem Wege Gottes« (*al-dschihâd fi sabîl Allâh*) ihr Leben lassen. Parallel dazu, oder eigentlich alternierend mit den Gefechten gegen die Mekkaner, erfolgt die Konsolidierung der *umma* nach innen, durch die Ausschaltung der drei wichtigsten jüdischen Stämme. Den Anlass liefert stets der Vorwurf der Kollaboration mit dem Feind. Die Banu Qainuqâ' werden 624 nach der Schlacht von Badr vertrieben, die Banu Nadîr im Jahr darauf, nach dem Rückschlag von Uhud. Am schlimmsten ergeht es den Banu Quraiza, die während des Grabenkriegs mit den Belagerern gemeinsame Sache gemacht haben sollen: Die Männer des Stammes werden getötet, die Frauen und Kinder versklavt.

Die Kampfgemeinschaft, die sich solcherart festigt, belässt es nicht bei der Verteidigung. Kleinere Übergriffe und Überfälle auf Karawanen hatte es von Anfang an gegeben, nun aber, nach Abzug der Mekkaner 627, sieht Mohammed seine Stunde gekommen und nimmt die Eroberung Mekkas ins Visier. Nicht zum Selbstzweck, wohlgemerkt, sondern um zu vollenden, was die Vertreibung von 622 vereitelt hatte: die Verwandlung des heidnischen Kults an der Kaaba in einen monotheisti-

Eroberung Mekkas

schen. Ein erster Anlauf 628 zur Pilgerfahrt miss-
lingt noch und mündet in das Abkommen von
Hudaibiya, einen auf zehn Jahre geschlossenen
Waffenstillstand. Die ob solchen Zögerns ent-
täuschten Kämpfer werden durch den Feldzug
gegen die mehrheitlich von Juden (unter ihnen die
aus Medina vertriebenen Banu Nadîr) bewohnte
Oase Chaibar entschädigt – die Expansion nach
außen folgt derselben Parallelität wie die Konsolidierung nach innen. Unklar ist, ob die Einwohner
vertrieben oder tributpflichtig gemacht werden.

Die Kaaba wird muslimisch

Im Jahr darauf gestatten die Mekkaner Mohammed, einen Teil der Pilgerfahrt zu absolvieren,
und als er im Januar 630 wiederkehrt, diesmal
nicht mehr als Pilger, ist der Waffenstillstand hinfällig, der Widerstand aber allem Anschein nach
gering. Die Stadt fällt ihm mehr oder minder
kampflos in die Hände, die allermeisten seiner
früheren Gegner bekehren sich – cuius regio, eius
religio – zum neu herrschenden Kult, ein paar besonders halsstarrige Schmähredner lassen ihr Leben. Mohammed entfernt die
heidnischen Götterbilder aus der Kaaba,
die damit endgültig dem Islam einverleibt
wird. Er selbst bleibt allerdings nicht in
Mekka, sondern kehrt nach Medina zurück. Ein letztes Mal noch kommt er in
seine Geburtsstadt, zur Pilgerfahrt Anfang 632, die als die »Abschiedswallfahrt«
in die Annalen eingeht. Die alten Riten
werden abgeschafft und durch solche er-
setzt, die die Grundlage für die Pilgerfahrt bis auf
den heutigen Tag geblieben sind. Gott höchst-

Die Kaaba 1910

DIE QUELLEN UND IHRE PROBLEMATIK

selbst – so will es die Tradition, die auch hier einen Sinn fürs Dramatische hat – sieht, dass es gut ist: »Heute habe Ich vollendet euern Glauben und habe erfüllt an euch meine Gnade, und es ist Mein Wille, dass der Islam euer Glauben ist.« (K 5:3)

Mohammed stirbt am 8. Juni des Jahres 632, einem Montag; die Überlieferung wird später einer jüdischen Giftmischerin die Schuld daran geben. Sein alter Weggefährte Abu Bakr versucht, die konsternierte Gemeinde zu trösten: »Oh ihr Menschen, wenn jemand Mohammed anbetet, Mohammed ist tot! Wenn jemand Gott anbetet, Gott lebt und wird nie sterben!« Was den zweiten Satz angeht, wollen wir uns des Urteils enthalten. Mit dem ersten aber hatte er definitiv unrecht.

Die Kaaba heute

Ist der Koran ein Geschichtsbuch?

Die klassischen muslimischen Quellen

Das Heilige und die Kritik

Wie viel von dem, was auf den vorhergehenden Seiten im Indikativ – und zugegebenermaßen nur in sehr groben Zügen – erzählt wurde, sich tatsächlich so zugetragen hat, wissen wir nicht. Allzu legendenhaft sind viele Einzelheiten (schließlich steckt ja auch die Frömmigkeit im Detail), allzu zahlreich die Wunder, allzu klischeehaft Freund und Feind. Dass dieses Handlungsgerüst gleichwohl bis heute in den allermeisten, durchaus auch ambitionierten, Überblicksdarstellungen über die islamische Geschichte ein ums andere Mal und mehr oder minder maßstabsgetreu aufgebaut wird, ist vielleicht, im Zeitalter der Quellenkritik, verblüffend, aber erklärbar. Von einer Ausnahme abgesehen, sind die islamischen Quellen im Allgemeinen sehr mitteilsam und, je später, desto mehr, detailverliebt; das ist verlockend. Dazu kommt, dass ihnen von Anfang an der Geruch des Heiligmäßigen anhaftete, und Quellenkritik am Heiligen, egal ob von außen oder – was ohnedies nur die Sache Weniger ist – von innen, ist nicht umsonst zu haben. Wer nahe der Staumauer gräbt, riskiert den Dammbruch.

Der Koran als Quelle

Diese eine Ausnahme, die als Beleg für das Leben Mohammeds mit belastbaren Fakten merkwürdig geizt, ist ausgerechnet der Koran. Das ist umso misslicher, als dieser die älteste Quelle ist.

Sperrig, gerade wenn man an der Tradition entlang schreibt, ist zunächst einmal die Frage, wer sein Autor ist. Für gläubige Muslime ist die Frage Ketzerei und die Antwort klar: Gott. Für Außenstehende, egal ob glaubend oder nicht, ist das unbefriedigend. Normalerweise übergeht man die Frage oder belässt es bei der Erwähnung derer, die die Textfragmente womöglich zusammengestellt haben. Denn fragmentarisch ist der Charakter der Schrift allemal, Mohammeds Leben und seine Karriere lassen sich daraus nur schemenhaft und schon gar nicht der Reihe nach rekonstruieren. Das Stilrepertoire reicht von apokalyptischer Mahnung bis zur buchhalterischen Auflistung von Einzelheiten der Erbteilung, von gehetzt wirkenden Reimen bis zu liturgisch anmutenden Passagen, die mit verteilten Rollen gelesen werden könnten. Zahlreich sind die Schwierigkeiten, wie die kryptischen Buchstabenkombinationen am Beginn etlicher Suren oder einzelne Wörter, die nach wie vor (auch unter muslimischen Exegeten) ungeklärt sind; eine wissenschaftlichen Ansprüchen genügende Edition gibt es bis heute nicht. Die Textmenge wurde, wann und von wem auch immer, in 114 Kapitel, Suren genannt, gegossen und ungefähr in der Reihenfolge ihrer abnehmenden Länge angeordnet. Die muslimische Tradition billigt dieses Verdienst dem dritten Kalifen, Osmân ibn Affân (reg. 644–56) zu, aber sicher ist auch das nicht.

Noch unsicherer ist die innere Chronologie der Textbausteine, denn nirgends, noch nicht einmal

Text ohne Kontext

innerhalb der einzelnen Suren, wird eine erkennbare zeitliche Reihung eingehalten. Vor allem bei widersprüchlichen Aussagen wird das schnell ein Problem; man löste es auf sehr menschliche Weise und sagte, Gott habe es sich eben anders überlegt. So ist Wein etwa in Sure 16:67 ein Gottesgeschenk, Sure 4:43 warnt vor Gottesdienstbesuch in trunkenem Zustand, Sure 5:90 macht den Wein schließlich zum Teufelszeug – aber diese Reihung ist die später von der Theologie gewollte, die das Alkoholverbot im Islam zu begründen hatte. Der Text ohne Autor ist vorderhand also auch ein Text ohne Kontext. Sowohl muslimische Tradition als auch westliche Wissenschaft haben sich der Sache gründlich angenommen und mannigfaltige Listen erarbeitet, wie die tatsächliche Reihenfolge gewesen sein könnte. Bloß dass damit für das Leben Mohammeds erst einmal noch nicht viel gewonnen ist; allzu dürftig ist die Faktenlage.

> **Erwähnt werden, abgesehen vom biblischen Personal, gerade einmal drei Personennamen (von denen Mohammed selbst einer ist), ferner drei altarabische Göttinnen, zwei ethnische Gruppierungen (die Römer und die Quraisch, Mohammeds Stamm), vier Religionsgemeinschaften (Juden, Christen, Magier = Zoroastrier und Sabier, von denen man nicht genau weiß, wer sie sind) und neun Ortsnamen (von denen nur zwei, Badr und Hunain, in einen Zusammenhang mit konkreten, wenngleich undatierten historischen Ereignissen gebracht**

DIE QUELLEN UND IHRE PROBLEMATIK

> werden). Viel ist das nicht. Das meiste erschöpft sich in Anspielungen, die erhebliches Vorwissen oder schlicht Zeitgenossenschaft voraussetzen.

Dass der Koran ohne Kommentar als Geschichtsquelle (und, was alsbald noch wichtiger wurde: als Rechtsquelle) nahezu stumm ist, ist natürlich auch der muslimischen Tradition aufgefallen. Man brachte ihn zum Reden, indem man die chronologische Reihenfolge mit den sogenannten »Anlässen der Offenbarung« (*asbâb an-nuzûl*) anreicherte. An solchen bestand kein Mangel, weil alsbald, wie wir gleich sehen werden, Augen- und Ohrenzeugenberichte zuhauf kursierten, die über das, was Mohammed sagte und tat, Auskunft gaben, ergo auch darüber, was wann wo und warum geoffenbart wurde. Und obwohl der primäre Zweck ein juristischer war, nämlich den Koran als Rechtsquelle zu etablieren, fielen doch so allerhand Brosamen ab, aus denen sich auch die Biographie Mohammeds nährte. Das aber verursacht sogleich zwei andere Probleme: einerseits betont es den – durchaus im Text selbst erkennbaren – Charakter des Korans als eine Art Instant-Offenbarung, die immer just dann, wenn Mohammed in Schwierigkeiten steckte, den Lösungsweg wies. Am vielleicht grellsten geschah das, als er eine seiner Frauen, Zainab bint Dschahsch, heiratete, wovon noch die Rede sein wird. Auch der Überfall auf die Siedlung Nachla, der erste in der Reihe der oben erwähnten *maghâzi*, der in einem an sich heili-

»Anlässe der Offenbarung«

gen Monat stattfand, in dem die Waffen zu schweigen gehabt hätten, wurde auf diese Weise gerechtfertigt (K 2:217).

Das zweite Problem liegt in der Natur dieser Überlieferungen. Sie bilden nämlich einen Nebenfluss jenes breiten Stroms an Berichten, die über die Worte und Taten Mohammeds informieren und die man als Hadith bezeichnet (und zwar sowohl für die einzelne Tradition als auch für den Gesamtkorpus der Hadithe). Hier nun bekommen wir im Überfluss, womit der Koran so sehr geizt: einen Mohammed aus Fleisch und Blut, dem nichts Menschliches noch Übermenschliches fremd ist, von der Jenseitsschau bis zur Lieblingsspeise und Körperpflege, von den Gebetszeiten bis zur Eifersucht seiner Ehefrauen, von der Erschaffung der Welt bis zum Gebrauch des Zahnstochers. All das steht zwar ebenso wenig in einer stringenten zeitlichen Abfolge, ist aber dafür so detailreich, dass sich etwas daraus machen lässt. Und in der Tat findet sich Material zu jeder beliebigen Lebensphase des Propheten, insbesondere natürlich zu denjenigen, die heilsgeschichtlich von Bedeutung waren.

Anfangs nahm man die Sache noch nicht so genau, es zirkulierten auch Hadithe, die vom Tun und Lassen anderer berichteten, vor allem dem der ersten Kalifen. Erst im späten achten Jahrhundert, vielleicht noch später, setzte sich die Beschränkung auf den Propheten durch, dessen »Brauch« (*sunna*) fortan zum Synonym für den

Hadith wurde. Aber mit zunehmender zeitlicher Entfernung von den angeblichen Ursprüngen wurde der Stoff mehr, und, wie schon angedeutet, widersprüchlicher. Es gibt unterschiedliche Überlieferungen zu nahezu allem, angefangen vom Geburtsjahr Mohammeds bis hin zur Chronologie der Schlachten und ihren Teilnehmern; noch nicht einmal über die Zahl seiner Kinder besteht Einigkeit. Dass hier, neben dem frommen Irrtum, auch gelogen wurde, dass sich die Balken bogen, war den muslimischen Gelehrten selbst früh klar.

Für die Vita Mohammeds im engeren Sinne mochte das noch angehen, da konnte man das Urteil darüber Gott anheimstellen und es bei dem stereotypen Hinweis belassen, dieser wisse schon am besten, welche der nebeneinander gestellten Versionen die richtige sei. Zur selben Zeit aber begann Mohammeds Fortleben auf einem anderen Gebiet konkretere Züge anzunehmen, nämlich dem des Rechts. Die Juristen aber, die das Diesseits zu regeln hatten, konnten nicht das jenseitige Gottesurteil abwarten, sondern brauchten Eindeutigkeit hier und jetzt. Irgendeine Form der Beglaubigung musste also her, dass das, was in einem Hadith Mohammed in den Mund gelegt wurde, auch tatsächlich von ihm stammte. Es wurde daher, im Laufe des achten Jahrhunderts, üblich, der eigentlichen Erzählung dessen, was der Prophet gesagt oder getan hatte, eine Aufzählung derjenigen Personen vorzuschalten, die das voneinander gehört haben wollten.

Suche nach Beglaubigung

> **Ein wahllos herausgegriffenes Beispiel:**
> **»Hadschadsch ibn Minhal überliefert uns,**
> **dass ihm Shu'ba die Worte erzählte:**
> **Asch'ath ibn Sulaim sagte mir: ich hörte**
> **meinen Vater erzählen, der es von Masrur**
> **hat, dieser wiederum von Â'ischa, die sagte:**
> **der Prophet mochte lieber mit der rechten**
> **Hand beginnen, wenn er sich fürs Gebet rei-**
> **nigte, sich kämmte oder die Schuhe anzog.«**

isnâd – Garant der Authentizität

Diese sogenannte Überliefererkette (*isnâd*, eigentlich »Stütze«), die in manchen Fällen durchaus länger als der eigentliche Text (*matn*) ist, und nicht etwa die Plausibilität des Inhalts, gilt als eigentlicher Garant der Authentizität des Überlieferten. Dass damit aber das Problem keineswegs gelöst, sondern lediglich auf eine andere Ebene verlagert wurde, werden wir noch des Öfteren sehen. Für die Biographie des Propheten im engeren Sinne, einem weiteren Nebenfluss des Hadith-Stroms, spielte das, wie gesagt, keine entscheidende Rolle. Zwar wurde auch hier mit dem Mittel des *isnâd* gearbeitet, aber die juristische Not der Uneindeutigkeit von Berichten über das Leben Mohammeds war für die Prophetenvita gewissermaßen eine heilsgeschichtliche Tugend.

Das Genre der Prophetenbiographie

Geschichtsschreibung, jedenfalls in ihrer vormodernen Art, ist zuvorderst die Zelebrierung dessen, was unterwegs in Trümmer gelegt wurde. Das ist im Falle des frühen Islams nicht anders, und von daher sollte es uns nicht wundern, dass das Genre der Prophetenbiographie, wie es sich im achten und neunten Jahrhundert etablierte, aus der Beschreibung der zwischen Medina und Mekka gefochtenen Scharmützel hervorging. *Sîra* als Gattungsbegriff der Vita Mohammeds und *maghâzi* waren, zumindest am Anfang, so gut wie synonym. Das ist bereits den Titeln jener Bücher zu entnehmen, die als erste den Blick auf das Leben des Propheten richteten.

Der um das Jahr 704 in Medina geborene Mohammed ibn Ishâq (er starb vermutlich 767 in Bagdad) nannte sein Opus älteren Quellen zufolge »das Buch der Schlachten« (*Kitâb al-maghâzi*). Es ist allerdings nicht in seiner ursprünglichen Form erhalten, sondern nur in einer späteren Bearbeitung durch den Ägypter Abdalmalik ibn Hischâm (gest. um 833), der wichtige Teile, wie etwa die vorislamische Heilsgeschichte von der Weltschöpfung bis Jesus, einfach wegließ; sie sind fragmentarisch in anderen Quellen überliefert. Diese erste umfassende Mohammed-Biographie sollte auch die bei weitem wichtigste bleiben; bis auf den heutigen Tag bildet sie die Grundlage sämtlicher muslimischer und der meisten westlichen Darstellungen.

Ein weiteres Schlachtenbuch stammt aus der Feder des Mohammed ibn Omar al-Wâqidi (gest. 823), der sich auf die medinensische Epoche des Propheten konzentriert. Er stützt sich dabei auch auf Ibn Ishâq, aber zeitliche Beschränkung und größere Ausführlichkeit ziehen nicht notwendigerweise mehr Plausibilität nach sich. Julius Wellhausen, der Auszüge aus Wâqidis Buch übersetzt

Ibn Ishâq und das »Buch der Schlachten«

Al-Wâqidi und die Hagiographie

hat, brachte es 1882 auf den Punkt: »Die Wunder nehmen zu, Engel und Teufel bekommen mehr zu tun, der ganze Ton wird geistlicher.« Genau das ist der rote Faden, der fortan die Prophetenvita im muslimischen Schrifttum durchweben wird: je größer der zeitliche Abstand zum Geschehen wird, desto umfassender wird der Anteil der Hagiographie; desto größer wird auch die Systematik, mit der Mohammeds Platz im Heilsgeschehen abgesichert wird: bei Abu Abdallah Mohammed ibn Sa'd (gest. 845), dem Sekretär al-Wâqidis, finden sich, neben der peniblen Behandlung der Feldzüge, die auch bei ihm nicht fehlen dürfen, erste Ansätze zu Kapiteln speziell über seine Charaktereigenschaften oder generell über die Anzeichen seines Prophetentums. Er schrieb damit gewissermaßen die Ouvertüre zu jener Inszenierung Mohammeds als Dreh- und Angelpunkt der Schöpfung, die das spätere muslimische Schrifttum kennzeichnen wird.

Theologische Geschichtsschreibung Der Verlauf der Geschichte trägt das seine zu dieser Entwicklung bei, denn die Ausweitung der islamischen Reiche schritt rasch voran, zu al-Wâqidis Zeiten umfassten sie bereits ein Gebiet von Andalusien im Westen bis Samarkand im Osten. Angesichts dessen konnte man wohl gar nicht anders, als das Geschehen theologisch zu deuten: der Herr hatte es gut mit den Seinen gemeint. Der 923 gestorbene Abu Dscha'far at-Tabari lässt seine große *Geschichte der Gesandten und Könige* jedenfalls erst zielsicher auf Mohammed zulaufen, ehe er sie in seine Gegenwart fortführt.

Das Problem aber liegt auf der Hand: Die zeitliche Lücke zwischen Geschehen und Niederschrift
ist enorm. Die frühesten Quellen, die auf uns
gekommen sind, beginnen kaum vor der Mitte
des achten Jahrhunderts, mithin rund andert-
halb Jahrhunderte nach Mohammeds Wirken.
Al-Wâqidis zeitliche Distanz zu den Kriegen, die
er beschreibt, ist so groß wie unser Abstand zu
denen Napoleons. Noch dazu handelt es sich um
höchst heterogenes Material, das da tradiert
wurde: Schlachtenbeschreibungen, die sich an
den vorislamischen Heldengeschichten orientieren, Gedichte, Prophetenlegenden, Bruchstücke
des Korans und der frühen Exegese, Lobgesänge
auf einzelne Personen oder Clans, Listen von
Menschen, die dieses oder jenes als Erste taten, etc. Die Wiedergabe des Materials erfolgte in
erster Linie – wenn auch keineswegs ausschließ-
lich, wie mittlerweile feststehen dürfte – münd-
lich, mit all den Risiken, die das mit sich bringt.
Und praktischerweise gibt es auch hier die einen
Hadithe, die das Aufschreiben der Überlieferungen untersagen, und die anderen, die es gebieten.

Zeitliche Lücke

Ist Mohammed eine Erfindung?

Westliche Wissenschaft und Islam

Ablösung von der Theologie Die Definition dessen, was »wissenschaftlich«, ja überhaupt was Wissen ist, ist im Wesentlichen eine Frage von Raum und Zeit. Im Mittelalter hatte man andere Vorstellungen davon als im postmodernen 21. Jahrhundert, an säkularen Universitäten andere als in Kirchen oder Moscheen. Wenn im Folgenden von der westlichen Wissenschaft die Rede ist, so ist damit die Zeit seit dem achtzehnten Jahrhundert gemeint, als die Aufklärung die Beschäftigung mit dem Orient (und nicht nur sie) aus den Fängen der Theologie befreite. Das ging nicht von heute auf morgen, und Gehässigkeit, die sich mühsam als Gelehrsamkeit tarnte, gab es auch danach (es gibt sie bis heute). Jedoch führte die Einrichtung von Lehrstühlen für das Arabische in Leiden (ab 1613) und Oxford (ab 1636) auf lange Sicht zu einem wohltuenden Wechsel der Perspektive. Es ging nicht mehr in erster Linie darum, zu beweisen, dass der Islam eine Irrlehre und Mohammed ein Hochstapler war, sondern darum, die Texte zu erforschen, die muslimische Autoren geschrieben hatten und die nun allmählich auch ihren Weg nach Europa fanden.

Edward Gibbon Nicht der einzige, aber sicherlich der bekannteste Gelehrte, der sich in diesem Zusammenhang mit Mohammed beschäftigte, war der englische Historiker Edward Gibbon (1737–94).

DIE QUELLEN UND IHRE PROBLEMATIK

Mit seinem Monumentalwerk über den *Verfall und Untergang des Römischen Reiches* setzte er sich ein Denkmal, dauerhafter als Erz, und mehrere Kapitel darin waren der islamischen Geschichte bis hinauf an die Jahrtausendwende gewidmet. Das war noch keine Abhandlung in einem heute gültigen Sinne, denn Gibbon selbst war sich des Problems nur allzu bewusst, kein Arabisch zu können und auf Übersetzungen der immer noch wenigen zugänglichen Originalquellen angewiesen zu sein. Gleichwohl gelang ihm eine für seine Zeit faire, keineswegs kritiklose, Darstellung des Lebens und Wirkens Mohammeds.

Die spärliche Quellenlage sollte sich im neunzehnten Jahrhundert dramatisch ändern, als so etwas wie das goldene Zeitalter der Orientalistik anbrach und eine Edition eines klassischen islamischen Schlüsseltextes nach der anderen erschien. Darunter war 1858/59 auch die Lebensbeschreibung Mohammeds von Ibn Ishâq/Ibn Hischâm, die der Göttinger Orientalist Ferdinand Wüstenfeld (1808–99) herausgab. Zahlreiche, teils mehrbändige Mohammed-Biographien in westlichen Sprachen wurden jetzt in rascher Folge produziert (Gustav Weil, Aloys Sprenger, William Muir, um nur die bekanntesten zu nennen), die nicht immer frei von den alten theologischen Reflexen waren, aber doch ungeheuer materialreich das Leben des Propheten ausbreiteten. Der eingangs zitierte Optimismus Ernest Renans schien wohlfundiert, denn das Vertrauen in die Quellen erhielt reiche Nahrung.

Das goldene Zeitalter der Orientalistik

Jedenfalls bis Ignaz Goldziher kam. Der ungarische Orientalist (1850–1921) hat vermutlich mehr für die Leben-Mohammed-Forschung geleistet als alle vor ihm (und viele nach ihm) – obschon er selbst gar keine Biographie des Propheten verfasste. Aber er beschäftigte sich, unter dem programmatischen Titel *Muhammedanische Studien*, eingehend mit dem Hadith und den Modalitäten seiner Überlieferung und kam dabei zu Ergebnissen, die das Vertrauen in die Zuverlässigkeit der Tradition in seinen Grundfesten erschütterten. Seine Grundthese, die bis heute nur modifiziert, aber nicht widerlegt wurde, besagt, dass die Berichte der Taten und Aussprüche Mohammeds, wie sie in den einschlägigen Sammlungen überliefert sind, keineswegs auf Mohammed selbst zurückgehen. Vielmehr spiegeln sich in ihnen die Diadochenkämpfe und Konfessionsstreitigkeiten der ersten zwei Jahrhunderte nach seinem Tode. Sie zeigen die Geschichte des frühen Islams mithin nicht, wie sie möglicherweise war, sondern wie sie, jedenfalls in den Augen der jeweiligen Parteiungen, hätte sein sollen. Eine verlässliche Geschichtsschreibung lässt sich daraus nur noch schwer ableiten, zumal Goldziher einen Schritt weiterging, die Beweislast umkehrte und forderte, nicht die Fälschung einer Überlieferung sei zu beweisen, sondern ihre Richtigkeit.

Ignaz Goldziher

Dieser Biss in den Apfel der Quellenkritik war nicht mehr ungeschehen zu machen, und das Rin-

gen um die Authentizität der Quellen zur frühislamischen Geschichte wurde fortan zur Gret-
chenfrage der Islamwissenschaft des zwanzigsten
Jahrhunderts. Andere haben diesen Ansatz wei-
terverfolgt, am vorläufig radikalsten Henri Lam-
mens (1862–1937; dass er Jesuit war, hat man oft
gegen ihn verwendet), der die gesamte Überlieferung über Mohammed anzweifelte, und Joseph
Schacht (1902–69), der Goldzihers Thesen vor allem auf die Entwicklung des islamischen Rechts
übertrug und dabei zu ähnlich vernichtenden Ur-
teilen gelangte. Diejenigen, die weiterhin die Mei-
nung vertraten, das vorliegende Material sei im
Großen und Ganzen verlässlich (am bedeutends-
ten sicherlich der Schotte W. Montgomery Watt,
1909–2006) mussten sich von ihren Kritikern,
nicht ganz zu Unrecht, sagen lassen, sie reprodu-
zierten die klassischen Chroniken in moderner
Sprache und verziert mit modernen Buchtiteln,
Ibn Ishâq ohne Wundergeschichten sozusagen.

> **Auch Tilman Nagels unlängst erschienene,
> in vielerlei Hinsicht sperrige Mohammed-
> Biographie verlässt sich bei der Lektüre der
> Quellen – allerdings nicht im Urteil über
> das, was sie aussagen – auf die grundsätz-
> liche Zuverlässigkeit des Materials; jeden-
> falls traut er al-Wâqidi entschieden mehr
> über den Weg als Wellhausen das seinerzeit
> getan hat.**

Zwei Herangehensweisen lassen sich heutzutage
grosso modo unterscheiden: Da sind die einen, **Zwei Methoden**

die versuchen, durch das Legen möglichst feiner
Sonden, will sagen durch die Untersuchung ein-
zelner Überlieferer und Tradentenketten, so etwas wie einen »authentischen Kern« der Überlieferungen herauszudestillieren. Auf diese Weise,
so deren Vertreter (wie etwa Gregor Schoeler),
könne man immerhin bis auf ein, zwei Generationen an Mohammed herankommen. Ihnen gegenüber stehen die Skeptiker unterschiedlicher
Couleur, die insbesondere in den letzten dreißig
Jahren einige bilderstürmerische Thesen vorge-
legt haben. Da wurde der Versuch unternommen,
die Frühgeschichte des Islams ganz auf der Basis
nicht-islamischer Quellen zu schreiben, den Ort
des Geschehens von Mekka weg in die Gegend
ums Tote Meer zu verlegen, oder gar Mohammed
als real existierende Person völlig aus der Geschichte zu eliminieren, indem man seinen Namen (grammatisch durchaus richtig) als »der Ge-
priesene« übersetzte und zu einem Beinamen für
Jesus machte. In dieser Sicht der Dinge, die vor
allem von einem Kreis um den Saarbrücker Reli-
gionswissenschaftler Karl-Heinz Ohlig vertreten
wird, haben wir es hier also mit einer nicht weiter fassbaren christlichen Gruppierung zu tun,
die um die Wende vom achten zum neunten Jahrhundert aus dem Christentum herausglitt und
zum Islam wurde.

Spektakuläre Hypothesen Dass mit der Person Mohammeds zugleich die
Natur und die Textgeschichte des Korans in Frage
gestellt wurden, war nicht zu vermeiden. Während die einen die Sammlung der Textfragmente
noch in der Zeit Mohammeds und auf dessen An-

DIE QUELLEN UND IHRE PROBLEMATIK

ordnung hin beginnen lassen, behauptet die extreme Gegenposition, erst nach zwei, vielleicht sogar drei Jahrhunderten habe sich aus dem Gemisch von Text und Kommentar das herauskristallisiert, was dann der Koran wurde. Nicht minder spektakulär schließlich eine letzte These: Bei der Sprache des Korans handle es sich gar nicht um klassisches Arabisch, sondern um eine Mischform von Arabisch und Syrisch. Viele unverständliche Stellen ergäben demnach einen Sinn, wenn man sie als arabische Lehnübersetzungen ursprünglich syrischer Texte mit christlichem Hintergrund läse. Dass sich auf diese Weise die berühmten Paradiesjungfrauen (Huris) plötzlich in simple Weintrauben verwandelten, brachte den Urheber dieser These, den unter Pseudonym schreibenden Christoph Luxenberg, bis in die Spalten der New York Times.

Warum hat sich aber, wie oben erwähnt, in zahlreichen Überblicksdarstellungen die traditionelle Sichtweise so hartnäckig gehalten, ungeachtet der Debatten in der Fachwissenschaft? Ein Hauptgrund liegt sicher darin, dass eine zusammenhängende alternative Darstellung, jedenfalls bisher, noch aussteht. Viele Mosaiksteinchen ergeben nicht automatisch ein neues Bild. Der Koran erwähnt beiläufig (K 37:133 ff.), die Gläubigen zögen morgens und abends an den Überresten der Leute Lots vorüber; reicht das bereits, die Bühne ans Tote Meer zu verlegen? Und wenn ja, wie hätten wir uns den Kontext vorzustellen? Mit dem Auftauchen neuer schriftlicher Quellen, einer Art islamischem Qumran, ist nicht

Perspektiven der Forschung

zu rechnen, aber in den letzten Jahren deuten sich doch immerhin zwei mögliche Auswege aus dem Dilemma an. Zum einen werden die Erkenntnisse von Nachbarwissenschaften zunehmend berücksichtigt: Archäologie (die in den Ländern des Vorderen Orients allerdings immer auch eine politische Komponente hat), Epigraphik und Numismatik spielen bei der Interpretation des frühen Islams eine immer größere Rolle. Zum anderen fängt man an, die traditionellen Fächergrenzen und Horizontbeschränkungen aufzugeben und das Arabien zur Zeit Mohammeds als Bestandteil allgemeinerer Entwicklungen der Spätantike zu sehen, als Teil des hellenistisch-byzantinischen wie auch des sasanidisch-persischen Kulturraums. Sowohl für die Genese des Korantexts als auch für die Einordnung der Person Mohammeds dürften diese Zugänge die eine oder andere erhellende Erkenntnis bereithalten. Denn gleichgültig, wie man zu den Thesen der Bilderstürmer im Einzelnen stehen mag: Die Vorstellung, dass von Anfang an der eine Islam da war, von Mohammed im frühen siebten Jahrhundert gestiftet und binnen weniger Jahrzehnte im Koran niedergelegt, ist mit ziemlicher Sicherheit nicht zu halten. Dass Religionen voraussetzungslos vom Himmel fallen, ist nur für die Gläubigen eine ausgemachte Sache.

Die Wirkungsgeschichte Mohammeds

Wurde Mohammed zur reinen Legende?

Nachklassische und moderne muslimische Darstellungen

Für gläubige Muslime ist das allermeiste dessen, was im letzten Kapitel beschrieben wurde, vollkommen inakzeptabel. Nicht nur die Auffassungen der Radikalskeptiker, die die Existenz Mohammeds leugnen, sind gänzlich unvereinbar mit muslimischen Glaubensüberzeugungen und Dogmen. Auch der respektlose historisch-kritische Umgang mit den Überlieferungen musste zwangsläufig auf Widerspruch stoßen. Wo die westliche Wissenschaft, sei es explizit, sei es zwischen den Zeilen, der Prämisse zuneigt, diejenigen Dinge in den Quellen eher zu akzeptieren, die Mohammed in einem schlechten Licht erscheinen lassen, weil da die Wahrscheinlichkeit frommer Fälschungen geringer sei, verfuhr die islamische Geschichtsschreibung genau umgekehrt. Schon Ibn Hischâm hatte sich freimütig dazu bekannt, kompromittierende Details aus Ibn Ishâqs Vorlage weggelassen zu haben.

Kritik und Widerspruch

Im muslimischen Kulturraum hatte auch nach Ibn Hischâm die Produktion von Lebensbeschreibungen Mohammeds nicht aufgehört, im Gegenteil. Abgesehen von volkstümlichen Darstellungen, die sich gerade ab dem späten Mittelalter weit verbreiteten und die ob ihres Hangs zur Fiktion bei den ernsthafteren Gelehrten keineswegs gerne gesehen waren, hat sich die muslimische Geschichtsschreibung in vielerlei Art und Weise des Propheten angenommen. Wie schon beim oben erwähnten at-Tabari war Mohammed Ausgangs- und Zielpunkt nicht nur in den lokalen Chroniken über Mekka und Medina, sondern auch in muslimischen Weltbeschreibungen. Eine dieser Universalhistorien, die *Kurze Geschichte der Menschheit* von Ismail Abu l-Fida (gest. 1331) war es auch, die im achtzehnten Jahrhundert, noch vor Ibn Ishâq also, die Vita des Propheten aus einer Primärquelle in Europa bekannt machte (es war eine der indirekten Quellen Gibbons).

Bei den »Biographien« im engeren Sinne, die ab dem elften Jahrhundert in großer Zahl geschrieben (und vereinzelt auch kommentiert und übersetzt wurden) wurden, ist ein Grundzug unverkennbar festzustellen: der ausgesprochene Drang zum Enzyklopädischen, und zwar je später, desto ausgeprägter. So umfassen zwei der populärsten Werke – *Der Genuss für die Ohren* des ägyptischen Historikers Ahmad al-Maqrîzi (gest. 1441) sowie *Die Wege der Rechtleitung* des gebürtigen Syrers Schams ad-Din as-Sâlihi (gest. 1535) – im modernen Druck jeweils weit mehr als ein Dutzend Bände. Es ist offensichtlich, dass sich diese Autoren nicht mit einer simplen Wiedergabe und Ausschmückung von Ibn Ishâqs ohnehin schon recht ausführlichem Grundgerüst begnügten. Vielmehr trugen sie ihren Stoff aus hunderten weiterer Bücher zusammen, die zum Teil heute gar nicht mehr erhalten sind. Außerdem ging es ihnen nicht einfach darum, den irdischen Lebensweg des Propheten nachzuzeichnen; ihr Anliegen war vielmehr eine auf die Mohammed-Frömmigkeit gerichtete Heilsgeschichtsschreibung, die uns in den folgenden Kapiteln eingehender beschäftigen wird.

Ein zweites, vorerst noch lokal begrenztes Charakteristikum der Mohammed-Biographik war die Selbstvergewisserung und Apologetik nach außen. Das dürfte vor allem bei den im islamischen Spanien zwischen dem zehnten und dreizehnten Jahrhundert entstandenen Werken eine erhebliche Rolle gespielt haben. Im Angesicht der vorrückenden christlichen Reconquista – Cordoba fiel 1236, Sevilla 1248 – tat es der eigenen Moral gut, sich der siegreichen Kriegszüge des Propheten zu erinnern.

Selbstvergewisserung und Apologetik

Auch die in der Moderne, d.h. im zwanzigsten Jahrhundert verfassten Mohammed-Biographien muslimischer Autoren sind zum überwiegenden Teil aus einer Verteidigungshaltung heraus geschrieben. Ein in vielerlei Hinsicht aufschlussreiches Beispiel dafür ist die Situation in Ägypten in den 1930er Jahren, als sich eine Reihe bedeutender Intellektueller und Schriftsteller mit einem

Moderne Biographien – Taha Husain

Male dezidiert islamischen Themen, und hier in erster Linie der Biographie des Propheten zuwandten. War etwa der Literat Taha Husain (gest. 1973) noch wenige Jahre zuvor mit einem Werk hervorgetreten, das sich kritisch mit der vorislamischen Dichtung auseinandersetzte, die für die klassische arabische Literatur eine große Rolle spielt, so hatte sich nun das soziale und politische Klima gewandelt. Islamische Gesellschaften prosperierten (die Muslimbruderschaft wurde 1928 gegründet), desgleichen der Nationalismus, und säkulare Strömungen hatten es schwer. Die intellektuelle Orientierungskrise, wie dieses Phänomen zutreffend genannt wurde, mochte dazu beigetragen haben, dass Taha Husain 1933 eine in der äußeren Gestalt zwar neue, inhaltlich aber weitgehend traditionelle Propheten-Vita vorlegte.

Mohammed Husain Haikal

Noch größere Wirkung erzielte der Publizist Mohammed Husain Haikal (gest. 1956) mit seinem *Leben Mohammeds*, das auch in mehrere westliche Sprachen übersetzt wurde. Seine Motivation (und die seiner Kollegen) war eine zweifache: einerseits den Islam in Schutz zu nehmen, und zwar sowohl vor den konservativen Religionsgelehrten als auch vor den christlichen Missionaren und den Orientalisten (die er mehr oder minder für dasselbe hielt und mit deren Werken er heftig ins Gericht ging), andererseits das islamisch-arabische Erbe wiederzubeleben. Letzten Endes ging es also, wie in Andalusien, um Identitätssicherung, und die Rückbesinnung auf Mohammed gab dafür das natürliche Vehikel ab.

Quellenkritik, Infragestellung der Tradition
und ähnliches ist in diesen Darstellungen
nicht zu finden. Am weitesten ging in dieser Hinsicht vielleicht der Iraner Ali Dashti,
der seinem Portrait des Propheten den
gänzlich unzeremoniellen Titel *23 Jahre*
gab. Darin zog er vehement gegen den
Wunderglauben zu Felde, der große Teile
der klassischen *sira* beherrscht, und ging so
weit, Gott als den alleinigen »Autor« des
Korans in Frage zu stellen. Sein Buch, obschon bereits 1937 geschrieben, konnte
erst 1974 ohne Autorenangabe erscheinen;
Dashti selbst starb im Januar 1982 an der
Folter durch die Revolutionsgarden der Islamischen Republik Iran.

Literarische Interpretationen haben es unter
diesen Umständen nicht leicht; es hat sie denn
auch nur in sehr kleiner Zahl gegeben. Das Mo-
hammed-Drama des ägyptischen Schriftstellers
Taufîq al-Hakîm (gest. 1987), das 1936 erschien,
wurde nie aufgeführt (was aber vielleicht auch an
den 196 darin vorgesehenen Sprechrollen liegt),
war als gedrucktes Buch allerdings durchaus
ein Erfolg. Problematischer für seinen Autor,
den ägyptischen Nobelpreisträger Nagîb Mahfûs
(gest. 2006) war dagegen der Roman *Die Kinder
unseres Viertels* von 1959, in dem Mohammed,
zusammen mit Adam, Moses und Jesus, zum
Handlungsträger einer Allegorie über Judentum,
Christentum und Islam wird. Nach Protesten der
Kairoer Azhar-Universität war das Werk in Ägyp-

**Literarische
Interpretationen**

ten jahrzehntelang verboten und trug Mahfûs zahlreiche Anfeindungen islamistischer Gruppen bis hin zum Mordversuch ein. Sinnbildlich für diesen Umgang mit dem Propheten, der zwischen volkstümlicher Verehrung und orthodoxer Bilderfeindlichkeit schwankt, ist der Mohammed-Film *The Message* des syro-amerikanischen Regisseurs Mustafa al-Aqqâd (gest. 2005), von dem auch die *Halloween*-Reihe stammt. In dem Film von 1976, der die Karriere des Propheten von der Offenbarung bis zur Eroberung Mekkas nachzeichnet, taucht die Hauptfigur gar nicht auf. Manche Szenen werden, in einer Art umgekehrten Mauerschau von den Schauspielern in die Kamera gesprochen, hinter der man sich Mohammed vorstellen muss. Ausgerechnet der Prophet selbst, in der islamischen Religions- und Geistesgeschichte allgegenwärtig, bleibt unsichtbar.

Warum sind die Überlieferungen überhaupt wichtig?

Mohammeds Bedeutung für Ritus und Recht

Glaube ist – wie auch Unglaube – individuell, Religion ist es nicht, und der Transmissionsriemen, der das eine zum andern macht, ist der Ritus. Erst im Ritus werden Gläubige zu einer Gemeinschaft und Glaube zu Religion. Dabei bedeutet der Ritus mehr, als bloß religionsgesetzlichen Pflichten nachzukommen und damit die Eintrittskarte für jenseitiges Heil zu lösen. Denn die heilsgeschichtliche Wirksamkeit tritt nur dann ein, wenn (idealerweise) alle Gläubigen den Ritus gemeinsam und gleichzeitig erfüllen, wenn die Religion also öffentlich ausgeübt wird.

Gerade der Islam bietet in dieser Hinsicht reiches Anschauungsmaterial. Vier seiner fünf Grundpflichten tragen deutlich rituellen und damit öffentlichkeitswirksamen Charakter: das Glaubensbekenntnis (*schahâda*), in dem der Gläubige bescheinigt, dass es keinen Gott außer Allah gebe und dass Mohammed sein Gesandter sei, ferner das fünfmalige tägliche Gebet (*salât*), das einmonatige jährliche Fasten im Monat Ramadan (*saum*) sowie die (zumindest) einmal im Leben zu absolvierende Wallfahrt nach Mekka (*hadsch*) im letzten Monat des muslimischen Jahres. Dazu kommt das Pflichtalmosen (*zakât*), das auf den ersten Blick ein wenig aus dem Rahmen zu fallen scheint; Steuern zu zahlen erfreut – heute jedenfalls – sich

Glaube und Religion

Die fünf Grundpflichten

nirgends gläubiger Inbrunst. Jedoch bestimmt der Koran nicht nur, worauf jeweils Abgaben fällig werden, sondern auch, wer davon profitieren soll (K 9:60), was insofern die Gemeinschaft ebenfalls zusammenschweißt. Zwischen den »Säulen der Religion«, wie man sie genannt hat, ist das aufgespannt, was der Orientalist Johann Christoph Bürgel einmal als das »große Kraftnetz« bezeichnet hat: Erzeugt durch die Öffentlichkeit des gemeinsamen Ritus soll es den inneren Zusammenhalt der muslimischen Gemeinde, ihre Nähe zu Gott und damit die Teilhabe des Menschen an der göttlichen Allmacht sicherstellen.

Orientierung an Mohammed In allen fünf Pflichten ist Mohammed präsent, wortwörtlich im Glaubensbekenntnis, das überdies Teil des Gebetsrufs ist, nicht minder prägend in den anderen. Schließlich handelt es sich um koranisch verankerte Pflichten, und fast ein Dutzend Male wird der Gläubige im Koran ermahnt, »Gott und dem Gesandten« zu gehorchen. Die dramatische Schilderung der Himmelfahrt des Propheten, von der wir noch hören werden, endet damit, wie Mohammed, von Moses ermutigt, Gott von den fünfzig ursprünglich auferlegten Pflichtgebeten auf die verbliebenen fünf herunterhandelt. Und wenn man sich auch über Details der korrekten Haltung beim Gebet streiten mochte oder darüber, ob es bei der obligatorischen vorherigen rituellen Waschung unter bestimmten Umständen statthaft sei, die Schuhe anzubehalten und lediglich mit der Hand darüberzustreichen – entscheidend war und ist in jedem Falle das Verhalten Mohammeds, wie es der

Hadith als Vorbild überliefert. Dasselbe gilt natürlich für die Ramadan-Vorschriften sowie die Pilgerfahrt, deren komplizierte, in ihrer Reihenfolge genau festgelegten Einzelheiten sich, wie schon erwähnt, an Mohammeds Abschiedswallfahrt 632 orientieren. Dabei ist das Gedenken immer ein gemeinsames: Gebete außerhalb der Gebetszeiten, Fasten außerhalb des Ramadan, eine Pilgerfahrt außerhalb der dafür vorgesehenen sieben Tage des Pilgermonats – all das mag in den Augen der Gläubigen und der Gelehrten durchaus verdienstvoll sein, entbindet jedoch in keiner Weise vom Ritus der Religionssäulen.

Ritus und Recht sind nicht voneinander zu trennen. Weiter oben wurde bereits angedeutet, dass der Koran selbst als unmittelbare Rechtsquelle nur bedingt brauchbar ist und erst durch den Hadith zu einer solchen gemacht wird. Umso wichtiger war es aber nun, die Echtheit einer jeden einzelnen Überlieferung zu überprüfen. Dabei mochte man sich nicht auf den Sachverstand der Biographen vom Schlage eines Ibn Ishâq verlassen, denn zu unterschiedlich sind die Bedürfnisse, die Juristerei und Prophetenvita bedienen: frommer Wunderglaube hier, kühles Urteil (wenngleich nicht notwendigerweise weniger fromm) dort. Die gestrengen Juristen des neunten Jahrhunderts nannten Ibn Ishâq jedenfalls unverblümt einen Lügner.

Hadith und Rechtsprechung

Wie aber statt dessen die Authentizität der Berichte überprüfen, mit der alles steht und fällt, was Recht ist? Es war Abu Abdallah Mohammed

isnâd als Quellenkritik

asch-Schâfi'i (gest. 820), der einen Ausweg wies. Der *isnâd*, also die dem Überlieferungstext vorgeschaltete Kette der Tradenten, musste jeweils einer genauen Überprüfung unterzogen werden. Nur wenn er aus lauter Personen bestand, die allesamt mit einem tadellosen Leumund behaftet waren und einander tatsächlich getroffen haben konnten, nur dann galt ein Hadith als vertrauenswürdig. Noch besser wurde es nur, wenn eine Überlieferung mit mehreren unterschiedlichen derart tadellosen Ketten mit dem Propheten verbunden war. Klassische muslimische Quellenkritik ist daher zum ganz überwiegenden Teil *isnâd*-Kritik, oder, salopp gesagt, Rasterfahndung. Ganze Bibliotheken wurden in der Folgezeit mit biographischen Nachschlagewerken vollgeschrieben, in denen abertausende von Überlieferern versammelt und evaluiert wurden.

> So entscheidend wurde dieses Kriterium, dass einige der wichtigsten Sammlungen von Hadithen nicht thematisch, sondern alphabetisch nach der Reihenfolge der Erstüberlieferer sortiert wurden; das bedeutendste Beispiel dafür ist der sogenannte *Musnad* von Ahmad ibn Hanbal (gest. 855), dessen fast 28 000 Hadithe im modernen Druck 45 Bände einnehmen.

Entstehung der Hadith-Kompendien

Ein fein abgestuftes System von Klassifizierungen ermöglichte es den Juristen, jeden Tradenten auf einer Skala von »verlogen« bis »verlässlich« und jeden Hadith auf einer Skala von »erdichtet«

bis »gesund« einzuordnen. Und nur die letzteren, auf Arabisch *sahîh* genannt, durften uneingeschränkte juristische Geltung beanspruchen – was aber nicht ausschließt, dass auch schwache Hadithe allenthalben zitiert werden und rasch, auch in der Gegenwart, Kontroversen auslösen. Im neunten Jahrhundert wurden zahlreiche Hadith-Kompendien angelegt, von denen schließlich sechs als kanonisch anerkannt wurden. Zwei davon, von Mohammed ibn Ismail al-Buchari (gest. 870) und Muslim ibn al-Hadschadsch (gest. 875), tragen das Gütesiegel *sahîh* bereits im Titel; sie sind bis auf den heutigen Tag, neben dem Koran, die mit Abstand wichtigsten Schriften sunnitisch-muslimischer religionsrechtlicher Gelehrsamkeit.

Damit war das Anhäufen und Klassifizieren dessen, was der Prophet angeblich gesagt und getan hatte, aber längst nicht zu Ende. Die bestehenden Sammlungen, allen voran die beiden *Sahîh*-Bücher von al-Buchari und Muslim, wurden immer wieder ausführlich kommentiert, und neue, noch umfangreichere kamen hinzu. Bis in unsere Tage hinein versuchen Hadith-Gelehrte wie etwa der 1999 gestorbene Nâsir ad-Din al-Albâni, durch immer neues Umschichten und Sieben des über die Jahrhunderte schier unüberschaubar gewordenen Materials, ihrem Propheten und seinem Tun so nahe wie nur irgend möglich zu kommen. Diejenigen aber, die demgegenüber die Rechtsprechung via Hadith ablehnen und stattdessen die Beschränkung allein auf den Koran fordern, sind immer eine kleine und nicht eben wohlgelittene Minderheit geblieben.

Hadith-Kommentare

Im Hadith hat Mohammed eine buchstäblich
alltägliche Gegenwart erlangt und bis heute behalten. Im Ritus der fünf Säulen der Religion
versteht sich das von selbst. Auf dem Gebiet der
Jurisprudenz gilt das jedoch nicht minder. Zwar
ist das Recht der allermeisten muslimischen
Länder heutzutage zumeist nach europäischem
Vorbild kodifiziert, doch gerade die Institution
des Rechtsgutachtens (*fatwa*), bei dem ein
Rechtsgelehrter einem Fragesteller Auskunft zu
einem beliebigen Thema geben kann, sorgt hier
immer wieder für Aufsehen. So ließ im Mai
2007 ein ägyptischer Mufti, unter ausdrückli-
cher Berufung auf einschlägige, vermeintlich
»gesunde« Hadithe, verlauten, die religiös ge-
botene Geschlechtertrennung am Arbeitsplatz
lasse sich dort, wo es nötig sei, dadurch umge-
hen, dass die Frau (oder eine nahe Angehörige)
den männlichen Kollegen stille, analog zum
Stillen durch die Amme. Denn dadurch wird
eine sogenannte Milchverwandtschaft herge-
stellt, die im Islam rechtlich genauso behandelt
wird wie eine übliche biologische Verwandtschaft. Das Heiratstabu, das damit automatisch
einhergeht, erlaubt es also, dass eine Frau und
ein Mann, wiewohl nicht miteinander verheira-
tet, sich im selben Büro aufhalten, ohne moralische Bedenken zu erregen. Die anschließende
Debatte in der internationalen Presse war sogar
konservativen Gelehrten zu viel. Aber auch die
meisten Kritiker dieser Äußerung bestritten lediglich die Gültigkeit dieses spezifischen Hadith; einige fürchteten um das Image des Islams
im Ausland – keiner jedoch hätte es wagen kön-

nen, das Prinzip als solches, nämlich das Vorbild des Propheten in Frage zu stellen. Der Mufti, kein geringerer als der Chef der Hadith-Abteilung der Azhar-Universität, wurde suspendiert.

Ist Mohammed der Nachfolger Abrahams?

Der Platz des Propheten in der Heilsgeschichte

Die satanischen
Verse

Kurz nur war Mohammeds Flirt mit dem Heidentum, dem er entstammte. So jedenfalls wird man die kryptische Passage verstehen müssen, wenn es im Koran (K 53:19f.) heißt: »Was meint ihr drum von al-Lât und von al-Uzza / und Manât, der dritten daneben?« Das waren altarabische Göttinnen, und die ältesten Überlieferungen berichten Skandalöses: Der Teufel selbst nämlich habe Mohammed beim ersten öffentlichen Vortrag dieser Worte ins Handwerk gepfuscht und ihm die Fortsetzung eingeflüstert: »das sind die erhabenen Kraniche, auf ihre Fürsprache darf man hoffen.« Erst der Engel Gabriel habe beim abendlichen Korrekturdurchgang durch die Offenbarungen den fatalen Irrtum aufgeklärt, aber sogleich den Trost Gottes übermittelt: »Und nicht entsandten Wir vor dir einen Gesandten oder Propheten, dem nicht, wenn er vorlas, der Satan in seine Lesung (Falsches) warf; aber Allah vernichtet des Satans Einstreuungen« (K 22:52). Ibn Hischâm kam die Geschichte bereits so suspekt vor, dass er sie in seiner Überarbeitung des Texts von Ibn Ishâq lieber wegließ, aber als die *Satanischen Verse* war die Sache nun in der Welt und sorgte immer wieder, bekanntlich bis in unsere Tage hinein, für Aufregung.

Zurückweisung
des Polytheismus

Auch ohne Zuhilfenahme von Engel und Teufel ist diese Episode leicht als das zu erkennen, was die islamische Heilsgeschichtsschreibung aus ihr gemacht hat: eine brüske Zurückweisung jeglicher Form von Polytheismus und der eigentliche Bruch mit den vorislamischen Kultformen (Ibn Hischâm ließ sie nicht aus diesem Grund unter den Tisch fallen, sondern weil darin Mohammed als Tölpel erscheint, der dem Teufel auf den Leim geht). Der Perspektivenwechsel war allerdings wohl weniger dramatisch, als die spätere Theologie uns glauben machen will. Wie am Anfang bereits kurz erwähnt, war Allah, der Schutzheilige der Quraischiten, eine durchaus prominente Figur im vorislamischen Pantheon, wenngleich nur einer unter vielen und in Mekka und Umgebung als Nothelfer bei Schiffbruch unterbeschäftigt (worüber er sich im Koran in Vers 17:67 bitter beklagt).

Mohammeds Verkündigung und die muslimische Theologie befördern ihn nun zu dem einen und einzigen Gott, bei dem keine subalterne Gottheit mehr Fürsprache einlegen kann, sondern höchstens noch Mohammed selbst als sein Gesandter. Zahllos sind die Warnungen des Korans davor, dieses zentralste aller islamischen Gebote, den strikten Eingottglauben (*tauhîd*), zu übertreten und »Beigesellung« (*schirk*) zu praktizieren. Gerade in den apokalyptisch angehauchten Passagen, die gemeinhin der mekkanischen Periode Mohammeds zugerechnet werden, tritt er als Warner vor dem nahen Ende und dem drohenden Weltengericht auf, das die *muschrikûn*, diejenigen nämlich, die Beigesellung betreiben, unweigerlich dem Höllenfeuer überantworten wird.

Ein Gott, ein Fürsprecher

Der Traditions-
strom des Islams Natürlich kommen einem solche Ideen bekannt vor. Der Monotheismus wurde nicht erst auf der Arabischen Halbinsel des siebten oder achten Jahrhunderts erfunden, und die Frage nach der Originalität oder Innovationskraft Mohammeds wurde auch in der Forschung immer wieder gestellt. Es wäre allerdings ein wenig kleinlich (oder apologetisch, je nach Standpunkt), hier, mit Blick auf welche Gruppe auch immer, mit einem vermeintlichen Copyright zu hantieren. Religionen kupfern gern voneinander ab, und im breiten Traditionsstrom des Islams finden sich denn auch, wie Uri Rubin meisterhaft herausgearbeitet hat, sowohl Überlieferungen, die das Auftreten des Propheten von biblischen Schriftpassagen vorhersagen lassen, als auch solche, die von altarabischen Vorstellungen bedient werden. Der biblische Strang konzentriert sich auf Verse des Alten oder Neuen Testaments, die zur Verkündigung Mohammeds herhalten müssen. Am vielleicht prominentesten ist jene Stelle bei Johannes 14:16 und 25, in der von einem »Tröster« die Rede ist, den Gott dereinst senden werde. Dem gegenüber stehen Bezeugungen aus einem dezidiert lokalen arabischen Kontext, in denen verschiedene vorislamische Personen, bis hin zu einem jemenitischen König, die Ankunft des Propheten prophezeien.

Das »Siegel der
Propheten« Dass ihn Juden, Christen und Polytheisten gleichermaßen vorhersagen, ist selbstverständlich symbolisch zu lesen; es bedeutet die Unterwerfung aller bisherigen Konfessionen unter den Islam. Denn grundsätzlich wird Mohammed,

egal, in welcher islamischen Quelle, als der letzte von Gott gesandte Prophet portraitiert. In diesem Sinne wird der Begegnung mit dem Mönch Bahîra, von der schon die Rede war, eine metaphorische Überhöhung zuteil: Nicht nur das, was dieser zwischen den Schulterblättern Mohammeds entdeckt, ist die physische Beurkundung seines Prophetentums – Mohammed selbst ist »das Siegel der Propheten« (K 33:40; die Siegelmetapher als solche findet sich freilich bei zahlreichen Religionen des Vorderen Orients). Nach ihm kann es, muslimischem Selbstverständnis zufolge, keinen weiteren Propheten mehr geben. Man ging im Laufe der Geschichte denn auch nicht eben zimperlich mit denen um, die es wagten, sich über dieses Dogma hinwegzusetzen.

Dabei ist Mohammed keineswegs der Überbringer einer rundum neuen Botschaft, von der die vorhergehenden Ein- und Vielgöttereien abgelöst werden sollten. Vielmehr tritt er als derjenige auf, der den ursprünglichen, reinen Monotheis-

Abraham als »Ur-Muslim«

Der Felsendom in Jerusalem

mus wiederhergestellt habe. Zum überragenden Bezugspunkt und damit gewissermaßen zum Ur-Muslim wird Abraham, der von Gott von Anfang an auserwählt worden war: »Und wer, außer dem, dessen Seele töricht ist, verschmäht die Religion Abrahams? Fürwahr, wie erwählten ihn hienieden, und siehe, im Jenseits gehört er zu den Rechtschaffenen. / Als sein Herr zu ihm sprach: ‹Werde Muslim› (aslim), sprach er: ‹Ich ergebe mich (aslamtu) völlig dem Herrn der Welten.›« (K 2:130f.)

Vorwurf der Schriftfälschung Die Absicherung dieser Rückkoppelung geschah auf zweierlei Art: Zum einen gilt Abraham als der Erbauer der Kaaba, was folglich auch den Wechsel der Gebetsrichtung, die ja ursprünglich nach Jerusalem gezeigt hatte, als einen Akt der Rückkehr zum Ursprung erscheinen lässt; nach der Eroberung Mekkas erfolgte darum ihre symbolische »Reinigung« und Wiederaneignung durch Mohammed. Zum anderen erkannte man auf diese Weise zwar die vorislamischen Propheten an – Mohammed gilt ja als der letzte in ihrer Reihe –, konnte aber gleichzeitig die den Juden und Christen Heiligen Schriften verwerfen. Denn diese, so argumentierte man, seien gar nicht (mehr) Gottes Botschaft, sondern von ihren jeweiligen Empfängern wissentlich und willentlich verdreht und entstellt worden. Der Vorwurf der Schriftfälschung (tahrîf), der im Koran an mehreren Stellen ausgesprochen wird (z. B. K 2:75: »Aber ein Teil von ihnen hat Allahs Wort vernommen und verstanden und hernach wissentlich verkehrt«), hat den Blick der islamischen Theologie auf die anderen Religionen von Beginn an entscheidend geprägt. Er ermöglichte es, dass sich der Islam zwar in die monotheistische Religionsgeschichte des Vorderen Orients integrierte, sich aber gleichzeitig entschieden von den real existierenden Religionen und ihren Anhängern abgrenzte.

Ohnehin spielen unter diesem Gesichtspunkt lediglich Juden und Christen als sogenannte »Schriftbesitzer« (*ahl al-kitâb*) eine theologisch satisfaktionsfähige Rolle. Die theologische Pointe des ganzen findet sich wiederum im Hadith, als es um die Frage geht, ob ein Kind, geboren von nichtmuslimischen Eltern, das Heil erlangen kann. Es kann, stellt Mohammed klar, denn jeder Mensch wird im Zustand der »natürlichen Schöpfung Gottes« (eine Anspielung auf K 30:30) geboren, ist also von Haus aus Muslim; erst seine Eltern machen ihn zum Juden, Christen oder Zoroastrier.

Im Februar 2002 trat der *Zentralrat der Muslime in Deutschland* mit einer sogenannten »Islamischen Charta« an die Öffentlichkeit. In dieser Grundsatzerklärung, deren Zweck darin bestand, die Beziehung der Muslime zu Staat und Gesellschaft zu klären, finden sich folgende Sätze: »Die Muslime glauben, dass sich Gott über Propheten wiederholt geoffenbart hat, zu-

Selbstverständnis islamischer Theologie

letzt im siebten Jahrhundert westlicher Zeitrechnung gegenüber Muhammad, dem ‹Siegel
der Propheten›. Diese Offenbarung findet sich
als unverfälschtes Wort Gottes im Koran. (...).
Die Muslime verehren sämtliche Muhammad
vorausgegangenen Propheten, darunter Moses
und Jesus. Sie glauben, dass der Koran die ursprüngliche Wahrheit, den reinen Monotheismus nicht nur Abrahams, sondern aller Gesandten Gottes wiederhergestellt und bestätigt hat.«
Prägnanter lässt sich das Selbstverständnis islamischer Theologie und der von ihr beanspruchte
Platz in der monotheistischen Heilsgeschichte
nicht auf den Punkt bringen.

Heißt es »Moslems« oder »Mohammedaner«?

Prophetenwunder und Mohammed-Frömmigkeit

Fromme Sätze hersagen kann jeder; erst ihre Beglaubigung durch Übernatürliches macht den Prediger zum Mann Gottes. Wunder sind das Salz in der Suppe prophetischen Wirkens, und der Islam bildet da keine Ausnahme. Mehrfach lässt der Koran Mohammed zwar beteuern, er sei nur ein Mensch wie alle andern auch (K 18:110), aber das war auf Dauer natürlich zu wenig, erst recht, wenn man die Juden und Christen beeindrucken wollte, die von ihren Propheten bekanntlich einiges gewohnt waren.

Ein Prophet braucht Wunder

Im Zuge der fortschreitenden Ausarbeitung zentraler muslimischer Glaubens- und Rechtsgrundsätze etablierte sich ab dem neunten Jahrhundert eine eigene literarisch-theologische Gattung, die sich mit den »Beweisen des Prophetentums« Mohammeds beschäftigte. Die Auseinandersetzung mit sowie die Abgrenzung von der Konkurrenz anderer Religionen ist hier allenthalben spürbar. Eine zentrale Stellung nimmt dabei der Koran ein, der Mohammed an einer Stelle (K 7:157f.) als *nabi ummi* bezeichnet, als »schriftunkundigen Propheten«. Die (ursprüngliche?) Bedeutung des Ausdrucks im Sinne von »heidnisch, nicht dem Volk der Schrift angehörend« entspricht etwa dem, was man im Judentum mit dem Wort *goy* bezeichnet. Im Islam wurde daraus alsbald die Überzeugung, Mohammed sei in

Die »Unnachahmlichkeit des Korans«

einem ganz wörtlichen Sinne schriftunkundig, also Analphabet gewesen, was dementsprechend die Überbringung der Botschaft Gottes, deren »Autor« er darum unmöglich sein konnte, noch erstaunlicher erscheinen lassen musste. Im neunten Jahrhundert kanalisierte man diese Vorstellung in der Lehre von der sogenannten »Unnachahmlichkeit« (*i'dschâs*, wörtlich »Unfähigmachen«) des Korans. Sie besagt, dass diese Schrift sprachlich und stilistisch von solcher Vollkommenheit sei, dass niemand es vermöge, etwas Vergleichbares zu erschaffen. Unterfüttert wurde das Dogma mit allerlei frommen Geschichten über diejenigen, die auf das bloße Hören einer Koranrezitation hin sich auf der Stelle zum Islam bekehrten, oder gar die, denen das Lauschen einer Lesung derart zusetzte, dass sie vor Ergriffenheit starben. Der Koran gilt im Islam seither als *das* Beglaubigungswunder des Propheten schlechthin.

Die Spaltung des Mondes Er blieb nicht das einzige, und immer wieder ist zu beobachten, wie Metaphorisches wortwörtlich genommen wird. So wurde jener kryptische Koranvers »genaht ist die Stunde und gespalten der Mond« (K 54:1 f.) immer weniger in einem eschatologischen Sinne als Zeichen der zukünftigen Apokalypse verstanden denn als reales Geschehen der Vergangenheit: Gott habe, auf Mohammeds Bitte hin, den Mond in zwei Teile gespalten und dann eben wieder zusammengefügt; sogar im fernen Indien habe man das beobachtet. Für entsprechendes Lokalkolorit sorgten wieder die weiter oben angesprochenen »Anlässe der Offenbarung«, mit denen man zahlreiche Koranverse versah, um sie verständlicher zu machen.

Das phantastischste aller Wunder aber ist die Nachtreise des Propheten und die anschließende Himmelfahrt *(mi'râdsch)*. Auch hier ist der koranische Aufhänger eher dürftig: »Preis dem, der Seinen Diener des Nachts entführte von der heiligen Moschee zur fernsten Moschee, deren Umgebung wir gesegnet haben, um ihm unsere Zeichen zu zeigen«, heißt es in Vers 17:1. Dass die Reise nach Jerusalem ging, war sehr früh schon eine ausgemachte Sache; das Reiseziel »fernste Moschee« sollte später der al-Aqsa-Moschee auf dem Tempelberg, dem drittwichtigsten Bauwerk des Islams, ihren Namen geben. Eines Nachts, so geht die Geschichte, holt Gabriel den Propheten in Mekka ab, setzt ihn auf ein geflügeltes Reittier namens Burâq und verfrachtet ihn nach Jeru-

Nachtreise und Himmelfahrt

Himmelfahrt des Propheten; persische Miniatur aus dem 16. Jahrhundert

salem, wo sie Abraham, Moses, Jesus und all die anderen treffen. Die anschließende Himmelsreise bringt Mohammed durch sieben Himmel bis ins Paradies. Bei der Rückkehr, es wurde bereits angesprochen, kommt es zwischen ihm und Gott zum Aushandeln der Zahl der Pflichtgebete; binnen kurzem, Mohammeds Bett ist noch warm, sind sie zurück in Mekka.

Aber das ist nur das dürrestmögliche Handlungsgerüst, und nur prosaische Gemüter werden darin eine weitere Initiationslegende sehen, die den
Islam in eine Reihe mit den vorislamischen Mo-
notheismen stellt. Nachdem sich die orthodoxe
Theologie schon früh darauf festgelegt hatte,
dass es sich auch hier um eine reale Begebenheit
(und nicht etwa eine Vision) handelte, wurden
die Details mit der Zeit immer farbenfroher und
exaltierter. In ausnahmslos allen Lokalkulturen
der muslimischen Welt, von Westafrika über
Zentralasien bis nach Indonesien, gibt es unzäh-
lige Bearbeitungen des Stoffs. Auch die muslimische Kunst hat sich seiner ausführlich angenommen, was insofern stets ein wenig delikat war, als
der Islam die Abbildung von Lebewesen im Allgemeinen und die des Propheten im Besonderen
ablehnt. In solchen Fällen sorgt ein weißer Ge-
sichtsschleier für Abhilfe.

Zweck all dieser Wundergeschichten ist es natürlich, die Gestalt des Propheten lebendig und im
Alltag der Gläubigen präsent zu halten. Tilman
Nagel hat den Hadith einmal als die »Vernich-
tung der Geschichte« bezeichnet: Die Gemeinde,
die sich zeitlich notgedrungen immer weiter von
der stark idealisierten guten alten Zeit des Anfangs entfernt, findet in den Überlieferungen
vom Wirken des Propheten das probate Mittel
zur steten Vergegenwärtigung dieses Heilszu-
standes. Das trifft den Kern der Sache, denn parallel zur Ausarbeitung des islamischen Rechts
entfaltet sich eine einzigartige volkstümliche
Prophetenverehrung, die man nicht anders denn

als Mohammed-Frömmigkeit bezeichnen kann. Beides, Recht wie Frömmigkeit, ist auf das allumfassende Wirken und die andauernde Gegenwart des Propheten ausgerichtet. Dazu kommt, dass schon früh die islamischen Mystiker (Sufis) danach trachteten, den, wie sie es nannten, »mohammed'schen Pfad« zu beschreiten.

> Es mag all dieser Volksreligiosität geschuldet sein, dass der Islam bis heute immer wieder als eine mohammedanische Religion und die Muslime entsprechend als Mohammedaner bezeichnet werden. Theologisch ist das nicht zu halten, und die große Mehrheit der Muslime würde den Ausdruck entschieden bestreiten. Aber das ändert nichts an der enormen emotionalen Bedeutung des Propheten für das Leben vieler Gläubiger.

Äußerlich sichtbares Zeichen dieser Frömmigkeit ist die heute allgemein als obligatorisch angesehene Segensbitte, die jeder Nennung von Mohammeds Namen folgt, im mündlichen Vortrag ebenso wie in gedruckten Texten. Sie basiert auf dem Koranvers 33:56 (»Siehe, Allah und die Engel segnen den Propheten. O ihr, die ihr glaubt, segnet ihn und begrüßt ihn mit dem Friedensgruß«) und wird gemeinhin übersetzt mit »Gott segne ihn und schenke ihm Heil / grüße ihn«. Das Ganze hat durchaus gewichtige theologische Implikationen – warum sollte der Prophet den Segen der Gläubigen nötig haben? Kann man den Satz auch so verstehen, dass Gott Moham-

Ritualisierte Verehrung

med gegenüber ein rituelles Gebet verrichtet und ihn damit ins Unermessliche überhöht? –, aber all das muss uns an dieser Stelle nicht weiter aufhalten. Was zählt, ist die in jedem Falle ritualisierte Verehrung des Religionsstifters. Ein weiterer Anlass öffentlichen Gedenkens sind die alljährlichen Feierlichkeiten anlässlich des Geburtstags des Propheten. Diese sogenannten *maulid*-Feste sind eine verhältnismäßig späte Erscheinung, unter der Dynastie der schiitischen Fatimiden in Kairo im späten elften Jahrhundert entstanden, bei den Sunniten nochmals gut hundert Jahre danach. Die Osmanen machten sie zum Teil des Hofzeremoniells, heute sind sie in weiten Teilen der muslimischen Welt ein nicht mehr wegzudenkender fester Bestandteil der Mohammed-Frömmigkeit, bei dem das Vortragen lobender Dichtung nicht fehlen darf.

Propheten-medizin und Traumdeutung

Der Verehrung des Propheten in der islamischen Volksreligiosität sind nach oben praktisch keine Grenzen gesetzt – wenn man von seiner expliziten Vergöttlichung einmal absieht. Prophetenmedizin und Traumdeutung erfreuen sich bis in die Gegenwart großer Beliebtheit. Erstere – durchaus strikt getrennt von der Galen'schen naturwissenschaftlichen Heilkunst – basiert auf den aus dem Hadith abgeleiteten Rezepten und Ritualen gegen alle möglichen Beschwerden (inklusive dem bösen Blick) und mag etwa vergleichbar sein mit dem, was im Westen vom breiten Spektrum von Hildegard-Medizin bis esoterischem Pendeln abgedeckt wird. Träume wiederum gelten, durch einen entsprechenden

Satz Mohammeds abgesichert, als einzig legitime Fortsetzung, ja sogar als der 46. Teil der Prophetie (vorsichtigere Überlieferer verdünnten es auf den 60. oder 70. Teil). Hier funktioniert die Vergegenwärtigung des Propheten besonders gut, denn in einem anderen berühmten Hadith heißt es, wenn man ihn im Traum sehe, sei das so, als sähe man ihn in Wirklichkeit.

Dass Mohammed generell sündlos ist, steht auch für die Hochtheologie zu weiten Teilen fest; schließlich – noch ein gerne weitererzähltes Wunder – hatten ihm dereinst zwei Engel die Brust geöffnet und sein Herz gewaschen. Die Liebe zu ihm geht aber noch weiter und macht ihn zum Modell physischer wie spiritueller Schönheit, zum vollkommenen Menschen

Mohammed, der vollkommende Mensch

Porträt des Propheten als junger Mann – Mohammed-Postkarte um 1904 und Mohammed-Plakat, Teheran, um 2000

schlechthin und zum »schönen Vorbild« in allen Lebenslagen. Dass die Verehrung weitgehend ohne ikonographisches Futter auskommen musste – im indo-iranischen Kulturraum nahm man es mit dem Bilderverbot allerdings nicht immer so genau –, tat ihr keinen Abbruch. Körperbau und Charaktereigenschaften des Propheten wurden mit umso größerer Akribie in den Überlieferungen gesammelt und in einer separaten Literaturgattung, den »Büchern seiner Eigenschaften«, verewigt. Durchwoben wird die Mohammed-Frömmigkeit, längst nicht nur bei den Sufis, von einer überbordenden Lichtsymbolik, deren Nützlichkeit zum Zwecke der Erleuchtung auch anderen Religionen nicht entgangen ist. Mohammed wird zum uranfänglichen Licht, erschaffen noch vor Adam, zum überirdischen Wesen jenseits von Zeit und Raum.

Kein Wort wider den Propheten

Ein Gelehrter, der wie kaum ein anderer zur Heiligung und Dogmatisierung der Figur Mohammeds beigetragen hat, war der Marokkaner Iyäd ibn Musa al-Yahsubi (gest. 1149) mit seinem *Buch der Heilung*. Diese umfassendste aller Mohammed-Dogmatiken ist bis heute eines der einflussreichsten Werke der sunnitisch-islamischen Geistesgeschichte. Vieles von dem, was er zu sagen hat – die herausgehobene Stellung Mohammeds bei Gott, die Pflichten des Gläubigen dem Propheten gegenüber, seine Sündlosigkeit, die Lichtmetaphorik, die ihn geradezu in die Nähe Gottes rückt – ist eine nochmalige Steigerung dessen, was andere vor ihm geschrieben hatten. Brisant wird sein Werk durch den letzten Teil.

Denn als Richter, der er im Hauptberuf war (er ist daher auch als Qâdi Iyâd bekannt), machte er sich Gedanken darüber, was mit denen zu geschehen habe, die den Propheten nicht in ähnlicher Weise verehrten. Eine jede Verunglimpfung oder anderweitige Beleidigung Mohammeds, so sein Schluss, ziehe unweigerlich die Todesstrafe nach sich. Auch das war nicht ganz neu, schon frühere Juristen neigten dazu, die Schmähung des Propheten als Abfall vom Glauben zu ahnden, aber der Qâdi Iyâd war von allen der konsequenteste. Bereits die Erwähnung von Lebensumständen, die zwar in frühen Quellen überliefert wurden, den Propheten aber in einem ungünstigen Licht erscheinen ließen, kann gefährlich werden. Dass er ausdrücklich davor warnte, diese Quellen allzu sorgfältig zu studieren, ist insofern immerhin ein Dienst am Leser.

Man mag an dieser Stelle die Frage stellen, ob es sich bei diesen Dingen um Frömmigkeitsexzesse handelt. Aber angesichts des dauerhaften Erfolgs dieser und ähnlicher Schriften wird man dann zumindest um eine Definition dessen, was man unter exzessiv versteht, kaum herumkommen. Immerhin legt selbst der Hadith Mohammed den Satz in den Mund: »Keiner von euch ist wirklich gläubig, bevor ich ihm nicht lieber bin als sein Vater, sein Sohn und alle Menschen miteinander.« Das ist schwer zu überbieten. In der Tat stießen einige Theorien und Praktiken der volkstümlichen Mohammed-Frömmigkeit auch bei der Hochtheologie oder Juristerei durchaus nicht immer auf ungeteilten Beifall. So sind beispielsweise

Aufkeimende Kritik

sowohl die *maulid*-Feiern zum Prophetengeburtstag als auch jedwede Form von Gräberverehrung heutzutage in Saudi-Arabien verboten. Der Grund dafür ist aber kaum in einem Mangel an Ehrfurcht gegenüber Mohammed zu vermuten. Abgesehen von der nüchternen politischen Furcht vor Instrumentalisierung und Massendemonstrationen, etwa durch schiitische Pilger, betrachtet man diese Riten, die ja erst im Laufe der Jahrhunderte entstanden sind, vielmehr als unerlaubte Neuerungen und damit unvereinbar mit dem Vorbild eben jenes Propheten, den zu feiern sie vorgeben. Ibn Taimiya (gest. 1328), der wohl wichtigste geistige Ahnherr der heute in Saudi-Arabien regierenden Wahhabiten, nannte einige besonders exaltierte Schriften der Mohammed-Frömmigkeit unverhohlen einen Blödsinn. Doch auch ihm war die Verteidigung des Propheten den einen oder anderen Tropfen Blut wert; der Titel seiner einschlägigen Abhandlung lautet *Das Scharfschneidende, gezückt gegen den, der den Propheten schmäht*. Im arabischen Original ist er, wie die literarische Konvention der Zeit es verlangte, gereimt.

Kontroversen

Befiehlt der Koran den Schleier?

Mohammed und die Frauen

Ein leidiges Thema. Kaum ein anderes Gebiet hält für Kritiker und Verteidiger von Religion im Allgemeinen und des Islams im Besonderen so viel Munition verschiedenen Kalibers bereit wie die Frauenfrage. Nirgends sonst kommt es zu bizarreren Koalitionen zwischen PolemikerInnen und ApologetInnen, und nirgends sonst schlägt die Argumentation bisweilen kühnere Volten. So vermint ist inzwischen das Gelände, dass es der *Zentralrat der Muslime in Deutschland* mit seiner bereits erwähnten »Islamischen Charta« gar nicht erst darauf ankommen ließ, irgendeinen Stein loszutreten; man begnügte sich mit dem Hinweis: »Der Muslim und die Muslima sehen es als ihre Lebensaufgabe, Gott zu erkennen, Ihm zu dienen und Seinen Geboten zu folgen. Dies dient auch der Erlangung von Gleichheit, Freiheit, Gerechtigkeit, Geschwisterlichkeit und Wohlstand.« Das sagt zwar nichts aus, tut aber auch niemandem weh.

Ein vermintes Terrain

Wie viele Frauen Mohammed hatte, wissen wir
nicht genau; die zirkulierenden Listen weichen
im Detail voneinander ab. Überhaupt setzt ja
die Beurteilung dieser Frage (wie auch derjenigen, die in den folgenden Kapiteln angesprochen werden), insoweit sie auf den Propheten
zurückgeführt wird, erneut ein nicht unerhebli-
ches Vertrauen in die Zuverlässigkeit der Quellen voraus. Halten wir uns an Ibn Ishâq, kommen wir auf alles in allem elf Ehen, zuzüglich
zwei, die nicht vollzogen wurden, sowie eine un-
bekannte Zahl von Sklavinnen und Beischläfe-
rinnen. Drei dieser Ehen verdienen gesonderte
Erwähnung.

Chadîdscha Seine erste (und solange sie lebte einzige) Frau
war, wie schon erwähnt, Chadîdscha. Wer will,
kann auch hier Zahlensymbolik am Werk sehen,
denn so, wie Mohammed vierzig war, als ihn die
Offenbarung traf, soll Chadîdscha vierzig gewesen sein, als sie Mohammed ehelichte; sie soll
ihm dennoch in der Folge sechs Kinder geboren
haben. Manches spricht dafür, dass es sich bei
dieser Verbindung um eine sogenannte uxorilo-
kale Ehe handelte, wie sie damals wohl nicht un-
üblich war: die Frau blieb nach der Verheiratung
bei ihrem Clan, der Mann, der sich einen eigenen
Hausstand nicht leisten konnte, genoss lediglich
ein »Gastrecht« zum Vollzug der Ehe. Das bezeugt eine nicht eben starke Stellung des Mannes, wie im Übrigen auch die Tatsache – die noch
nicht einmal Ibn Ishâq verwunderlich findet –
dass es Chadîdscha war, die Mohammed die Ehe
antrug.

All das änderte sich nach ihrem Tod grundlegend, sowohl was die Zahl der Frauen als auch was die jeweiligen Modalitäten angeht. Zwei weitere seiner Ehen wären, wenn man heutige Maßstäbe anlegt, als Skandal zu bewerten, waren aber wohl auch damals schon ein Stirnrunzeln wert, weswegen sie durch Legitimierung in den kanonischen Schriften aus der Schusslinie genommen wurden. Da ist zum einen der Umstand, dass der Prophet seine dritte Frau, Â'ischa, heiratete, als diese noch ein Kind war: Zum Zeitpunkt der Eheschließung war sie sechs Jahre alt, vollzogen wurde die Ehe drei Jahre später. Mehrere Hadithe, von denen einige auf sie selbst zurückgeführt werden, finden das eine ausdrückliche Bestätigung wert; sie gilt allgemein als seine Lieblingsfrau.

Dann ist da noch der verwickelte Fall der Zainab bint Dschahsch. Sie war ursprünglich mit Zaid ibn Hâritha vermählt gewesen, einem ehemaligen Sklaven Chadîdschas, den diese Mohammed schenkte; dieser ließ ihn frei und adoptierte ihn als Sohn. Bald jedoch wirft Mohammed selbst ein Auge auf Zainab, woraufhin Zaid sie verstößt, um den Weg für seinen Adoptivvater freizumachen. Der Koran interveniert rechtzeitig und hebt das Heiratstabu für Schwiegertöchter aus Adoptivbeziehungen auf (K 33:37; der Fall ist so wichtig, dass Zaid namentlich genannt wird). Kurze Zeit später, die Kritik in der Gemeinde will nicht enden, annulliert Mohammed seine Adoptivbeziehung mit Zaid, und die Adoption wird generell verworfen (K 33:4f. 40). Wie zur Bestätigung fällt Zaid noch zu Lebzeiten Mohammeds auf dem Schlachtfeld.

Probleme der modernen Gesetzgebung

Solche Geschichten waren auch damals schon schwer zu vermitteln; für christliche Polemiker waren sie seit dem Mittelalter ein gefundenes Fressen und haben nicht wenig zum schlechten Image Mohammeds beigetragen. Heute sind sie ein nicht minder großes Problem – nicht nur wegen der anhaltenden Kritik von außen (die dabei allerdings nur allzu gern übersieht, dass auch in nichtislamischen Religionen und Kulturen Frauen bis heute als Wesen minderen Rechts behandelt werden). Der Umstand, dass gerade familien- und erbrechtliche Angelegenheiten in so großer Detailfreude von Koran und Hadith geregelt wurden – und nahezu immer zum Nachteil der Frau –, macht es der modernen Gesetzgebung nicht unbedingt leichter. Nur die Türkei wagte 1926 den Bruch mit der Tradition und übernahm das Schweizer Zivilrecht. Überall sonst in der muslimischen Welt fußen die einschlägigen Bestimmungen bis heute auf den – mitunter behutsam modifizierten – klassischen Rechtsnormen.

Konstruktion der Eigentlichkeit

Am leichtesten tun sich, wie immer, die Apologeten. Mohammed Husain Haikal zieht in seiner Mohammed-Biographie von 1935 im Kapitel über die Zainab-Affäre besonders heftig gegen die Missionare und Orientalisten vom Leder. Erstens fälschten diese den wahren Lauf der Dinge, um Mohammed als Lüstling dastehen zu lassen, und zweitens begriffen sie nicht, dass bedeutende Persönlichkeiten, zumal die Propheten, sowieso über dem Gesetz ständen. Dort, wo dennoch Debatten in Gang kommen über bestimmte Vorstellungen, die heute beim besten Willen nicht mehr zu halten sind, ist nicht selten einige argumentative Akrobatik vonnöten. Die Konstruktion von der Eigentlichkeit liegt dann meist recht schnell griffbereit: Eigentlich müsse man die klassischen Quellen ja nur richtig verstehen, und schon seien sie vereinbar mit der Moderne. Bereits die Bewegung des islamischen Modernismus seit dem Ende des neunzehnten Jahrhunderts hat sich darin geübt. So wurde der Koranvers 4:3, der die Polygamie erlaubt, quasi mit sich selbst widerlegt. Denn dort heißt es nicht nur »... so nehmt euch an Weibern, die euch gut dünken, zwei oder drei oder vier«, sondern weiter: »und so ihr fürchtet, nicht gerecht zu sein, heiratet nur eine (...).« Wer aber, so argumentierten die Modernisten nun, könnte das schon – vier Frauen wirklich gleich gerecht behandeln? Also sei der Vers eigentlich als Verwerfung der Polygamie und als Empfehlung zur Monogamie zu verstehen. Um dieselbe Zeit wurde in der ägyptischen Presse eine Debatte über die Frage ausgetragen, ob es erlaubt sei, Frauen schreiben lernen zu lassen. Das war in weiten Teilen eine vollkommen klassische Erörterung der einschlägigen Hadithe, mitsamt ihrer Verwerfung, weil die in ihrem *isnâd* vorkommenden Überlieferer unglaubwürdig seien.

Heutzutage, im Zeitalter eines dezidiert islamischen Feminismus, wird auf diese Weise gerne Â'ischas Heiratsalter auf international akzeptable achtzehn oder sogar zwanzig Jahre hochgerech-

Deutungen des islamischen Feminismus

net, oder man ist froh, linguistische Schlupflöcher
für problematische Wörter im Koran zu finden,
etwa im notorischen Koranvers 4:34, der dem
Mann die Erlaubnis erteilt, seine Frau im Falle
fortgesetzten Ungehorsams zu schlagen. Spürbar
erleichtert stellt die Amerikanerin Amina Wadud
dazu in ihrem feministischen Korankommentar
fest, das notorische Verb *daraba* heiße nicht nur
»schlagen«, sondern in einer bestimmten Rede-
wendung auch »ein Beispiel geben«. Das ist an
dieser Stelle zwar grammatisch unsinnig, aber dafür eine passable Ehrenrettung Gottes und Mohammeds. Es kann nicht sein, was nicht sein darf.

Streit um den
Schleier

Und der Schleier? Die Debatte darüber hat sich
längst verselbständigt. Von der ursprünglichen
Funktion eines Vorhangs, der die Frauen des Propheten von der Umwelt abschirmen soll (so in
Vers 33:53, als dessen Offenbarungsanlass be-
zeichnenderweise die Zainab-Affäre gilt) ist er
mittlerweile zu *dem* zentralen Symbol muslimischer Weiblichkeit und »Sittsamkeit« geworden.

Der Streit darüber, ob es sich dabei um ein Sinn-
bild für die Unterdrückung der Frau oder im Gegenteil um ein identitätsstiftendes Merkmal
nach dem Motto »mein Kopf gehört mir« handelt, erhitzt die Gemüter und beschäftigt die
Gerichte in Kairo, Istanbul und Karlsruhe gleichermaßen. Bei Burka und Tschador sind die
Sympathien noch relativ eindeutig verteilt, beim
Kopftuch schon weit weniger. Wir stellten vorhin
fest, dass der Glaube im Ritus zur Religion wird,
dann nämlich, wenn gemeinsam öffentlich ein
Dogma praktiziert wird. Diese Funktion erfüllt
der Schleier, egal in welcher Form, in nachgerade
perfekter Weise.

Nebenher enthüllt der Schleier mehr als er
verbirgt – nicht zuletzt die augenscheinlich
beständig gefährdete moralische Standhaf-
tigkeit des Mannes, die man nicht anders
zu stützen vermag als durch Verhüllung des
steten Objekts der Begierde. Wie das
meiste in diesem Buch hat aber auch das
vielleicht weniger mit Mohammed als mit
der Befindlichkeit des Betrachters zu tun.

Gibt es im Islam Katholiken und Protestanten?

Sunniten und Schiiten

Dass Verwandtschaft Ärger macht, kommt vor, und manchmal sorgt das Fehlen eines Testaments zuverlässig dafür, dass sich der Ärger über den Tod hinaus verlängert. Im Falle des Islams sind die entsprechenden Folgen bis auf den heutigen Tag eindrücklich zu beobachten, nämlich in Gestalt der Spaltung in Sunniten und Schiiten, die in den Ereignissen unmittelbar nach dem Tode Mohammeds ihren Ursprung hat. Nachdrücklicher noch als bei den meisten bislang angesprochenen Themen macht sich hier aufs Neue die große zeitliche Lücke zwischen angeblichem Geschehen und Niederschrift bemerkbar. Jedwede Geschichtsschreibung über den wichtigsten konfessionellen Zwist im Islam ist ihrerseits bereits konfessionell gefärbt und zumeist dem obersten Ziel verpflichtet, die eine oder die andere Sicht der Dinge reinzuwaschen, indem man sie auf Mohammed zurückführt.

Die Interpretation, die sich mehrheitlich durchgesetzt hat, ist die sunnitische (nur etwa zehn bis fünfzehn Prozent aller Muslime weltweit sind heute Schiiten), und ihr Erfolg war so deutlich, dass auch in der westlichen Islamwissenschaft die Schia lange als heterodoxe Abweichung vom

»richtigen« Islam der Sunniten, gar als
eine Art Sekte galt. Nichts jedoch wäre fal-
scher als eine derartige Annahme.

Am Beginn des Zerwürfnisses stand die ebenso schlichte wie dringliche Frage, wer nach dem Tode des Propheten die Führung der Gemeinde übernehmen dürfe. Mohammed hinterließ keine männlichen Nachkommen, und wie wir soeben gesehen haben, machte er die Adoption Zaids rückgängig. Dass er just im Zusammenhang mit diesem Schritt, geradezu beschwörend, als das Siegel der Propheten (K 33:40) bezeichnet wird, lässt freilich aufhorchen. Denn es schafft Raum für die Spekulation, dass es zu diesem Zeitpunkt noch keineswegs unbestritten feststand, ob sein prophetisches Charisma mit ihm wirklich zum Erlöschen kommen würde.

Die Frage der Nachfolge

Nach Mohammeds Tod brach der Konflikt offen aus, und diejenigen behielten die Oberhand, die sich um Abu Bakr und Omar scharten. Beide waren als ganz frühe Anhänger des Islams – ein wichtiges Qualitätskriterium – nicht nur langjährige Weggefährten, sondern zugleich Schwiegerväter des Propheten, Abu Bakr über seine Tochter Â'ischa, Omar über seine Tochter Hafsa. Da Mohammed selbst in dieser Lesart keinen Nachfolger bestimmt hatte, war ihre Machtübernahme als Kalifen (im Sinne von Nachfolger des Propheten in dessen Eigenschaft als Führer der Gemeinde in weltlichen Dingen) vollkommen recht-

Die ersten Kalifen

mäßig; die prophetische Unfehlbarkeit verteilte sich auf die Gemeinschaft der Gläubigen als Ganzes. Das konnte man aber auch vollkommen anders sehen, und tatsächlich argumentierten die Gegner mit dem günstigeren Platz im Stammbaum – noch dazu, da Â'ischa und Hafsa kinderlos geblieben waren.

Ali ibn Abi Tâlib

Sie behaupteten also, Mohammed habe bei der Rückkehr von der Abschiedswallfahrt bei einem Zwischenhalt am Teich von Chumm sehr wohl einen Nachfolger auserwählt, nämlich Ali ibn Abi Tâlib. Dieser war in Personalunion sein Vetter (als Sohn seines Onkels Abu Tâlib, der ihn seinerzeit vor den Anfeindungen der Mekkaner beschützt hatte) und Schwiegersohn (über die Ehe mit Fâtima, einer Tochter aus der Ehe mit Chadîdscha) und damit Vater der Prophetenenkel Hasan und Husain. Dass nicht er, sondern Abu Bakr die Macht übernahm, war für sie nichts anderes als das Resultat einer Intrige, mithin Usurpation.

Die »Schia«

Für die »Partei Alis«, wie man sie alsbald nannte (aus der arabischen Bezeichnung dafür, *schî'at Alî*, leitet sich die Bezeichnung »Schia« ab), war damit aber auch der bei weitem überwiegende Teil der herkömmlichen Geschichtsüberlieferung hinfällig. Denn diese, in Form von Hadithen, beruht auf exakt denselben Prophetengefährten in den jeweiligen Tradentenketten, die in ihren Augen die Ansprüche Alis hintertreiben halfen. So ist es denn nicht überraschend, dass sich zu zahlreichen Hadithen, die von Schlüsselmomenten in der Vita Mohammeds berichten, (mindestens) zwei Versionen finden. Bezeugt für die Sunniten Abu Bakr das Wunder der Mondspaltung, so ist es bei den Schiiten Ali; stirbt Mohammed bei den Sunniten in den Armen Â'ischas, so hält ihn bei den Schiiten wiederum Ali umfangen; bezeichnet sich bei den Sunniten Mohammed als die »Stadt des Wissens« und Abu Bakr als den Schlüssel, so ist es für die Schiiten Ali, der das Wissen aufschließt, et cetera.

Neben solchem Geplänkel wurde noch schwerere Artillerie in Stellung gebracht: Die Schiiten behaupteten nämlich, ursprünglich habe auch der Koran explizite Verweise auf die herausragende Rolle Alis enthalten, die allerdings von den eo ipso sunnitischen Redakteuren, die die kanonisch gewordene Sammlung zusammenstellten, unterschlagen worden seien. Der Vorwurf der Schriftfälschung – man verwendete dasselbe Wort *tahrîf*, mit dem die Theologen, wie vorhin erwähnt, den Juden und Christen unterstellten, Gottes Botschaft entstellt zu haben – hat allerdings nie dazu geführt, dass die Schia eine eigene Version des Korans in Umlauf brachte.

Zwei Versionen des Korans?

Das war aber im Prinzip gar nicht nötig, da man sich auf anderem Wege im Besitz der Wahrheit wusste. Denn für die Schiiten war das prophetische Charisma eben nicht mit Mohammed ersatzlos untergegangen, sondern lebte in Form des schiitischen Imamats weiter. Gemäß dieser Lehre, die bereits im achten Jahrhundert in ihren Grundzügen formuliert wurde, kann die Welt nicht ohne einen von Gott eingesetzten, allwis-

Prophetisches Charisma und Imamat

senden und unfehlbaren geistigen Führer sein, den man als Imam bezeichnete. Daraus folgt nicht nur, dass Mohammed und alle früheren Propheten in Personalunion auch Imame waren, sondern auch, dass die Schia von Anbeginn der Welt an existierte. Mohammed nun habe dieses Imamat, wenngleich ohne das Prophetentum im engeren Sinne, d.h. einer eigenen Botschaft Gottes, bei besagtem Zwischenhalt am Teich von Chumm an Ali weitergegeben. Und von diesem wiederum sei es übergegangen an seine beiden Söhne aus der Ehe mit Fâtima, sodann an deren Nachkommen.

> **Diese Imame wurden, jedenfalls von den frühen Schiiten, mit Eigenschaften ausgestattet, die denen des Propheten bedenklich nahe kamen: Sie sind allwissend, sündlos und kennen das Verborgene, sie vollbringen Wunder und sind die Fürsprecher der Ihren beim Jüngsten Gericht, vielleicht waren sie sogar bei Mohammeds Himmelfahrt dabei, ihr Licht wurde von Gott vor der übrigen Schöpfung geschaffen.**

Der verborgene zwölfte Imam

Die Schia hat dementsprechend natürlich ihren eigenen Korpus von Hadith-Sammlungen, denn die Propheten-Überlieferungen bedürfen der Bestätigung durch den Imam; sogar ein Imam-Hadith ohne Prophet gilt als einwandfrei. Erst ab dem zehnten Jahrhundert kam es zur Abkühlung dieser überhitzten Heilsbedürftigkeit. Man ließ die Reihe der in der Gemeinschaft physisch anwesenden Imame mit dem symbolträchtigen zwölften enden. Dieser sei noch als Kind von Gott in eine geheime Verborgenheit entrückt worden, aus der er am Ende der Zeiten als der »Rechtgeleitete« (*mahdî*) zurückkehren werde, um die Menschheit auf die Apokalypse vorzubereiten. Andere schiitische Strömungen, die unterschiedliche Imamreihen verfolgen, wurden danach marginalisiert; die bei weitem meisten heutigen Schiiten gehören der sogenannten »Zwölferschia« an.

Politisch wurde die frühe Schia fürs Erste ausgebootet. Das Kalifat, das Ali mehr als zwanzig Jahre nach Mohammeds Tod zwar doch noch errang, war von kurzer Dauer und von Bürgerkriegen geschüttelt. Am Ende obsiegte der Heerführer Mu'âwiya, der zu denjenigen Quraischiten gehört hatte, die sich erst im letzten Moment, bei der Eroberung Mekkas 630, zum Propheten bekehrt hatten. Die von ihm etablierte Dynastie der Omayyaden (reg. 661–750) verlagerte nicht nur den Sitz der Macht nach Damaskus und damit auf Dauer weg vom Hedschas, sondern schob auch dem schiitischen Ansinnen eines Erbfolge-Charismas des Propheten einen Riegel vor. Alis Sohn Husain, der sich dagegen auflehnte, wurde dafür 680 bei Kerbela im heutigen Irak massakriert.

Zwar hatte es im weiteren Verlauf der Geschichte immer wieder einzelne schiitische oder zumindest der Schia gewogene Dynastien gegeben, doch zu einer veritablen politischen Macht wurde

Triumph der Sunniten

Die Schiiten in Iran

die Schia erst 1501, als die Safawiden in Iran die Macht an sich rissen und das vormals sunnitische Land schiitisierten. Dass sie sich als Widerpart des Osmanischen Reichs etablierten, das sich wiederum als Schutzmacht des sunnitischen Islams verstand, hat dem Konflikt jene machtpolitische Dimension gegeben, die er bis auf den heutigen Tag beibehalten hat. Im zwanzigsten Jahrhundert schließlich, das man völlig zu Recht als das Zeitalter der Extreme bezeichnet hat, war eine ideologische Abrüstung am wenigsten zu erwarten; im Gegenteil, die Revolution von 1979 in Iran, die sich eine islamische nennt, hat ganze Arbeit geleistet.

Streit um die heilsgeschichtliche Vergangenheit All das hat mit den Erklärungsversuchen, mit denen man dem Konfessionsstreit im Islam bisweilen beizukommen versucht, wenig zu tun. Es geht nicht um Katholiken gegen Protestanten, um Orthodoxe gegen Heterodoxe, um Araber gegen Perser, um Sozialrevolutionäre gegen Establishment – es geht um einen Streit über eine heilsgeschichtliche Vergangenheit, wie sie hätte sein sollen. Damit ist gleichzeitig sichergestellt, dass er niemals aufhört.

Brachte Mohammed den Gottesstaat?

Islam und Politik

Was ist eigentlich islamisch an der islamischen Geschichte? Fast alle Großreiche, die ihren Fingerabdruck im Register der Weltgeschichte hinterlassen haben, werden in politischen, manchmal auch ethnischen, Kategorien behandelt. Man spricht ganz selbstverständlich vom Römischen, Byzantinischen oder Sasanidischen Reich, ohne Jupiter, Orthodoxes Christentum oder Zoroastrismus herbeizubemühen. Nur im Falle der Geschichte (aber auch der Kunst, der Philosophie, der Wissenschaft), die von Muslimen über die Jahrhunderte gemacht wurde, ist das anders, da wird alles islamisch oder muslimisch – der Bedeutungsunterschied zwischen diesen beiden Wörtern ist wohl zu subtil, als dass sich eine brauchbare terminologische Trennung hätte einrichten lassen.

Schwierigkeiten der Begriffsdefinition

> Der amerikanische Historiker Marshall Hodgson hat in seinem posthum erschienenen Werk *The Venture of Islam* 1974 vorgeschlagen, das Wort »islamicate« für all das zu verwenden, was zwar von Muslimen gedacht, geschrieben oder getan wurde, aber nicht den Anspruch hat, in einem religiösen Sinne islamisch zu sein. Allein, das Wort ist nicht schön, hat es nicht ins *Oxford English Dictionary* geschafft, und übersetzen lässt es sich auch nicht gut.

Nun ist zunächst einmal nicht zu bestreiten, dass Mohammed in einem Milieu lebte und wirkte, in dem Religion und Politik nicht getrennt waren, ja in dem es wohl kaum möglich gewesen wäre, diese Sphären überhaupt gedanklich voneinander zu unterscheiden. Ebenso wenig ist zu leugnen, dass das Gemeinwesen, das Mohammed in Medina begründete, dezidiert religiöse Züge trug. Schließlich erweckt der Koran häufig den Eindruck, Gott höchstselbst verfolge den Gang der Dinge aufmerksam und interveniere immer genau dann rechtzeitig, wenn es etwas zu regeln gab. Der Gehorsam gegenüber Gott und gegenüber dem Propheten war eins und wurde an einer Stelle (K 4:59) noch erweitert um den Gehorsam gegenüber »denen, die Befehl unter euch haben«. Dazu kommen die bereits genannten zahlreichen rechtlichen Anordnungen, die vielen Aufrufe zum Dschihad sowie Regelungen zu Beuteverteilung und anderes. Die geradezu explosionsartige Erweiterung des Machtbereichs muslimischer Herrscher, die binnen dreier Generationen zur Schaffung des letzten antiken Großreichs führte, konnte unter diesen Umständen, wir erinnern uns an al-Wâqidi und at-Tabari, vermutlich gar nicht anders als religiös gedeutet werden.

Das soll aber keineswegs auf die Bekräftigung der weitverbreiteten These hinauslaufen, der Islam kenne keine Trennung der religiösen Sphäre von der weltlichen. In der Theorie mag das der Fall sein, aber die Praxis war, wie das ja zumeist der Fall ist, doch etwas komplizierter. Schon Mo-

4

hammed selbst nahm es mit der reinen Gottesfurcht als Kriterium für Teilhabe an der Macht nicht so genau, als er zum Stammesprinzip zurückkehrte und bei der Verteilung der Pfründe nach der Eroberung Mekkas 630 seine medinensischen Helfer (*ansâr*) überging zugunsten der eben erst neubekehrten mekkanischen Quraischiten. Die spätere sunnitische Lehre, dass der Kalif stets aus den Reihen der Letzteren kommen müsse, zementierte diesen Schachzug. Für die Schiiten auf der anderen Seite der Barrikade stand das genealogische Prinzip als solches ebenso wenig in Frage, auch wenn sie es, wie wir sahen, mit der Heilsgeschichte verbanden und eine Art »Erbprophetentum« anstrebten.

Es ist durchaus bezeichnend, dass von allen frühislamischen Parteiungen, die nach dem Tode Mohammeds um die Macht rangen, nur eine einzige Gruppe von Abstammungsfragen absah. Die Châridschiten (wörtlich »die Hinausgehenden«, so genannt, weil sie Alis Heerlager aus Unmut über seine Taktik verließen) stellten sich auf den Standpunkt, der beste Muslim solle Kalif sein, »und sei es ein abessinischer Sklave«. Sie fristeten jedoch im weiteren Verlauf der Geschichte, von kurzzeitigen Lokaldynastien abgesehen, nur ein Nischendasein.

Die gern postulierte uranfängliche Einigkeit von Medina steht, wir haben es bei der Betrachtung der Quellen bemerkt, auf wackligen Beinen.

Utopie der Einheit

KONTROVERSEN 85

Aber selbst wenn wir sie als gegeben akzeptieren, stellen wir fest, dass es mit ihrer Strahlkraft über den Tod Mohammeds hinaus nicht weit her war. Die Herrschaftszeit seiner ersten vier Nachfolger sollte nicht einmal dreißig Jahre dauern, drei von ihnen fielen durch Mörderhand. Dass man sich trotzdem – und erst viel später, nämlich im so prägenden neunten Jahrhundert – ihrer erinnerte und sie als die »rechtgeleiteten Kalifen« verklärte, sagt viel aus über den bis dahin eingetretenen Zustand des Gemeinwesens: Die Spaltung der *umma* in verschiedene Konfessionen (denn auch Sunniten und Schiiten waren jeweils in sich keineswegs uniform) war nicht mehr rückgängig zu machen. Umso größer wurde darum das Bedürfnis nach einer schönen Utopie in der Vergangenheit, die helfen sollte, mit der traurigen Tatsache der Gegenwart umzugehen.

fitna – die erste Heimsuchung

In den Kämpfen zwischen Ali und Mu'âwiya waren erstmals in größerem Stil Muslime übereinander hergefallen, den Bürgerkrieg nannte man die erste »Heimsuchung« (*fitna*), die den Islam traf. Das ist ein eigentlich im Zusammenhang mit der Apokalypse gebräuchliches Wort, mit dem das Chaos beschrieben wird, das dem Jüngsten Gericht vorausgeht. Aber es passte wohl auf die Befindlichkeit jener Zeit, denn die Unübersichtlichkeit wurde immer größer. Zwar mochte man die islamische Expansion als Triumph Gottes sehen, aber sie ging mit sehr irdischen Begleiterscheinungen einher. Nicht genug damit, dass die sunnitische Zentralgewalt – mittlerweile

unter den Abbasiden (reg. 750–1258) in Bagdad –
von immer mehr Lokalherrschern und regel-
rechten Gegenkalifaten bedrängt wurde, am
schwersten von den schiitischen Fatimiden in
Nordafrika, und auch in Bagdad selbst bald in die
Defensive geriet. Daneben hatten die Kalifen die
Definitionshoheit über religiöse Belange längst
eingebüßt. Diese war übergegangen auf die Reli-
gions- und Rechtsgelehrten (*ulamâ'*), die zusehends als ein separater Stand sichtbar wurden;
der sogenannte »Gelehrtenkonsens« (*idschmâ'*)
trat als dritte Quelle des Rechts neben Koran und
Hadith. Die religiöse und die politische Sphäre
hatten sich mithin in der Praxis auseinanderge-
lebt.

Unter diesen Umständen war auch die spät ein-
setzende Kalifatstheorie – sie entstand bezeich-
nenderweise erst, als die Kalifen realiter nichts
mehr zu sagen hatten – kaum mehr als eine In-
solvenzverwaltung. In den meisten Schriften
ging es lediglich darum, den jeweils gerade eingetretenen Status quo schönzureden, indem man
den Übergang der kalifalen Gewalt an die tatsächlich regierenden Militärmachthaber und lokalen Gouverneure, und seien sie Usurpatoren,
legitimierte. Im Endeffekt, so ein immer wieder
zur Begründung angeführter Topos, seien hundert Jahre ungerechter Zwangsherrschaft besser
als ein Tag Leiden unter der *fitna*, der Geißel des
Bürgerkriegs.

Die Kalifats-theorie

Viele Jahrhunderte hindurch konnte man mit
dieser Konstruktion gut leben, ebenso damit,

Das Ende des Kalifats

dass die ehedem so prächtigen Herrscher seit dem Mongolensturm auf Bagdad nur noch ein trauriges Dasein als Schattenkalifen von der Osmanen Gnaden führen durften. Wenn die Praxis sich nicht an die Theorie hielt, musste eben die Theorie nachgebessert werden. Damit standen die muslimischen *ulamâ'* nicht allein; auch der wilhelminische Staatsrechtler Georg Jellinek (gest. 1911) wusste von der »normativen Kraft des Faktischen«. Zum Problem wurde die Sache, als Mustafa Kemal Atatürk, der neue starke Mann der Türkei nach dem Zusammenbruch des Osmanischen Reichs, das Kalifat im März 1924 kurzerhand abschaffen ließ. Das letzte verbliebene Symbol muslimischer Einheit, mochte es auch nur noch schwach glimmen, war damit ausgelöscht.

Herrschaftstheorie nach Ali Abd ar-Râziq Sogleich begann eine hektische Konferenztätigkeit mit dem Ziel, es wiederanzufachen; daraus wurde nichts, weil allzu viele Herrscher Kalif sein wollten anstelle des Kalifen. Im Jahr darauf veröffentlichte der ägyptische Richter Ali Abd ar-Râziq (1888–1966) ein schmales Buch mit dem Titel *Der Islam und die Grundlagen der Herrschaft*, in dem er gewissermaßen die klassische Theorie konsequent zu Ende dachte und die Abschaffung des Kalifats islamrechtlich absegnete. Nicht nur, so behauptete er, fänden sich in Koran und Hadith nirgends Hinweise auf ein konkretes Regierungssystem, die über allgemeine Empfehlungen wie Gehorsam oder Beratschlagung hinausgingen; auch könne man das, was der Prophet in Medina gegründet habe, zwar eine Glaubensgemeinschaft, aber keinen Staat im modernen Sinne nennen. Das Kalifat im Sinne einer religiös konnotierten Nachfolgerschaft des Propheten sei eine spätere Erfindung, die Muslime seien mithin frei, »mit den anderen Nationen (...) in Konkurrenz zu treten, dieses veraltete System (...) niederzureißen (...) und das System ihrer Regierung auf modernste Art und Weise und auf den Pfeilern der Herrschaft, die sich in der ganzen Welt als am besten erwiesen haben, zu errichten.« Abd ar-Râziq war kein Bilderstürmer, kein einziges Mal vergaß er den Segenswunsch nach der Nennung von Mohammeds Namen. Doch der Orkan, der über ihn hereinbrach, war gewaltig. Er wurde seines Richteramtes enthoben und zum Häretiker erklärt (was in den 1920er Jahren noch nicht so gefährlich war wie heute); Gegenschriften zu seinem Buch erscheinen bis in unsere Tage.

Abd ar-Râziq hatte nicht nur ein Tabu gebrochen, sondern sich auch am Zeitgeist versündigt: 1928 wurde in Kairo die Muslimbruderschaft gegründet, deren politisches Programm im wesentlichen auf die Errichtung eines islamischen Staatswesens abzielte, orientiert am Vorbild Mohammeds in Medina; wiederum einige Jahre später kamen die aus dem Geiste der Apologetik geborenen Prophetenbiographien auf den Markt, denen wir weiter oben schon begegnet sind.

Die Gründung der Muslimbruderschaft kann als
die Geburtsurkunde des dezidiert politisch agitie-
renden Islams im zwanzigsten Jahrhundert ange-
sehen werden. Schon seit dem späten neunzehnten Jahrhundert hatte es Reformdenker wie den
ägyptischen Mufti Mohammed Abduh (gest.
1905) und andere gegeben, die das Wirken der
»rechtschaffenen Altvorderen« (*as-salaf as-sâlih*)
zum Vorbild nahmen. Nur die Rückbesinnung
auf sie, argumentierten sie, die sich in Anleh-
nung daran »Salafiya« nannten, könne die Muslime aus ihrer prekären politischen und sozialen
Lage heraushelfen und zurück zu alter Stärke
führen. Die Muslimbrüder und zahlreiche Gruppen mit und nach ihnen gingen einen Schritt
weiter, indem sie praktische Schritte zur Wiederherstellung des »Goldenen Zeitalters« forderten.
Die Figur ihres Gründers, Hasan al-Banna
(1906–49) ist archetypisch: er war kein ausgebil-
deter Religionsgelehrter oder Jurist, sondern ge-
hörte als Grundschullehrer zu jener Klasse von
Intellektuellen, die den etablierten *ulamâ'* seither
das Interpretationsmonopol in religiösen Dingen
streitig machen. Organisationsform, soziale und
politische Agenda sowie die Vorgehensweise all
dieser Gruppen und ihrer geistigen Ziehväter
sind durchweg modern, das ideologische Arsenal
dafür stammt jedoch aus der stark idealisierten
Zeit Mohammeds als Führer eines »wahren islamischen Staates« in Medina.

Säkulare Stimmen haben es heutzutage nicht
leicht, sich gegen die angemaßte Deutungshoheit
der verschiedenen Salafiya-Strömungen Gehör

zu verschaffen. Für viele derer, die es trotzdem tun, ist ebenfalls Mohammed der Bezugspunkt geblieben. So trat in den 1960er Jahren der sudanesische Reformdenker (und gelernte Hydro-Ingenieur) Mahmûd Mohammed Tâha mit dem Versuch an die Öffentlichkeit, das Wirken des Propheten gleichzeitig zu verwerfen und zu bewahren. Dieser habe nämlich, behauptete er in Umkehrung der traditionellen Chronologie, zwei Botschaften hinterlassen, eine erste in seiner Zeit als politischer Führer und Gesetzgeber in Medina und eine zweite in Mekka. Erstere sei zeitgebunden und nur für jene spezielle historische Situation gültig, letztere hingegen sei ewig und setze daher die medinensischen Vorschriften außer Kraft. 1985 wurde Tâha dafür der Apostasie bezichtigt und hingerichtet. Aufgrund einiger Ungereimtheiten wurde das Urteil anschließend annulliert.

Wie tolerant ist der Islam?

Muslime, Nichtmuslime und Apostaten

Toleranz-
probleme

Nichts ist für Offenbarungsreligionen misslicher als Konkurrenz im eigenen Haus. Ungläubige und Ketzer kann man vertreiben oder exekutieren, mit Andersgläubigen muss man sich auseinandersetzen, jedenfalls dann, wenn man sie als prinzipiell gläubig anerkannt hat. Über viele Jahrhunderte hinweg zog es das Abendland daher vor, den Islam als eine häretische Abweichung vom Christentum zu behandeln, die theologisch und, wo immer möglich, militärisch zu bekämpfen war. Aus demselben Grund tun sich heutzutage muslimische Autoritäten nicht minder schwer damit, den Baha'i-Glauben zu tolerieren, dessen Vorläufer, die Bâbiyya, im neunzehnten Jahrhundert in Iran aus dem schiitischen Islam hervorgegangen ist. Immer wieder kam es zu blutigen Verfolgungen in Iran, wo sie nach der Revolution von 1979 konsequenterweise nicht als religiöse Minderheit anerkannt werden; auch in Ägypten, wo es seit dem neunzehnten Jahrhundert eine Baha'i-Gemeinde gibt, werden sie bis in die Gegenwart als Apostaten oder Polytheisten betrachtet.

Eine egalitäre
Religion?

Man hört immer wieder, der Islam sei eine egalitäre Religion, gekennzeichnet von einem hohen Maß an sozialer Gleichheit. Das ist nicht ganz falsch, aber es bedarf einer entscheidenden Einschränkung. Denn an drei fundamentalen Ungleichheiten, die in religionsgesetzlicher Theorie geregelt und von historischer Praxis festgeschrieben wurden, kommt man nicht vorbei: die Ungleichheit zwischen dem Freien und dem Sklaven, zwischen Mann und Frau – und zwischen Muslim und Nichtmuslim. Dabei ist die zuletzt genannte in gewisser Weise die prekärste, weil sie frei gewählt ist. Bei der Frau ist die Sache einigermaßen aussichtslos; der Sklave braucht immerhin seinen Herrn, der ihn freilässt. Der Ungläubige aber könnte seinen Status jederzeit von sich aus ändern. Tut er das nicht, ist er halsstarrig, und dieser Ton – Halsstarrigkeit, die unter bestimmten Voraussetzungen geduldet werden kann – durchzieht bis heute als basso continuo den überwiegenden Teil des Schrifttums islamischer Theologen und Juristen über das Verhältnis von Muslimen und Nichtmuslimen. Religionsfreiheit bedeutete im Islam immer und ausnahmslos die Freiheit, den Islam auszuüben, zu ihm zu konvertieren und für ihn zu werben.

Die Gemeinschaft, die Mohammed in Medina formte, war, wie hätte es anders sein sollen, den Gepflogenheiten seiner Zeit verpflichtet und trug deutlich tribale Züge. Das Grundcharakteristikum dieses islamischen Stammes war die scharfe Unterscheidung zwischen denen, die als Gläubige dazugehörten, und den Verweigerern, die als Ungläubige wahrgenommen wurden. Die kultischen und rechtlichen Regelungen dienten daher sowohl der Sozialkontrolle und dem Zusammengehörigkeitsgefühl nach innen als auch der Abgrenzung nach außen.

Gläubige und Verweigerer

Ein zweites Kennzeichen war der Kampf zur Stärkung der eigenen Gruppe, und da diese sich über die neue Religionszugehörigkeit definierte, wurde daraus nun eben jener Dschihad »auf dem Wege Gottes«, den der Koran dutzendfach anmahnt. Wie immer man das schillernde Substantiv übersetzen mag – Krieg, Kampf, Streiten, Eifern, Sich-Abmühen –, fest steht, dass der Dschihad vom Koran zum Glaubensausweis gemacht wird, während die, die abseits stehen, sich harte Worte sagen lassen müssen: »Und nicht sind diejenigen Gläubigen, welche (daheim) ohne Bedrängnis sitzen, gleich denen, die in Allahs Weg streiten mit Gut und Blut. Allah hat die, welche mit Gut und Blut streiten, im Rang über die, welche (daheim) sitzen, erhöht.« (K 4:95). Der Kampf, daran lassen weder die meisten Exegeten noch die Praxis der Eroberungen einen Zweifel aufkommen, ist zuvorderst ein bewaffneter, und er ist zu führen, »bis kein Bürgerkrieg (*fitna*) mehr ist und bis alles an Allah glaubt« (K 8:39). Vor allem Sure 9, die nach allgemeinem Dafürhalten zu den sehr spät entstandenen Suren gehört, bietet vielerlei Belege dafür.

> **Einige mittelalterliche Gelehrte verstiegen sich gar zu der Meinung, der besonders rabiate Vers 9:5, genannt »Schwertvers«, habe nahezu alle anderen Regelungen zum Umgang mit Nichtmuslimen hinfällig gemacht: »Sind aber die heiligen Monate verflossen, so erschlaget die Götzendiener, wo ihre sie findet, und packet sie und belagert sie und lauert ihnen in jedem Hinterhalt auf.«**

Das mochten auf die Dauer nicht alle so einseitig sehen, und so finden sich ab dem neunten Jahrhundert, ausgehend von den asketischen Zirkeln der Sufis, auch Stimmen, die verbal deutlich abrüsten. Der wahre, nämlich der »große« Dschihad ist für sie nicht der bewaffnete Kampf nach außen – den sie zum »kleinen Dschihad« reduzieren –, sondern das Ringen mit sich selbst und den inneren Anfechtungen, das skrupulöse Befolgen des Religionsgesetzes, überhaupt das Suchen nach Wissen. Allerdings hat sich diese Richtung nie mehrheitlich durchsetzen können – mit der verhängnisvollen Folge, dass in der Moderne, als die muslimische Welt zusehends unter Druck von außen geriet, nur allzu bereitwillig auf die vermeintlich eindeutigen Handlungsanweisungen von Koran und Prophetenvorbild im Sinne einer kriegerischen Auseinandersetzung zurückgegriffen wurde.

Das klassische islamische Recht hat die Zweiteilung der Welt beizeiten verinnerlicht und das muslimische Herrschaftsgebiet als das »Haus des Islams« (*dâr al-islâm*) definiert. Ihm gegenüber stand die nichtmuslimische Welt, die charakteristischerweise als »Haus des Krieges« (*dâr al-harb*) bezeichnet wurde. Allenfalls zeitlich befristete Verträge waren möglich, nach dem Vorbild des Propheten und seines Waffenstillstands mit den Mekkanern bei Hudaibiya im Jahre 628. In den Fällen, da muslimisches Territorium von Nichtmuslimen erobert wurde (das berühmteste Beispiel dafür ist die Reconquista Andalusiens, die 1492 abgeschlossen wurde), waren die dort le-

Straßenschilder in Saudi-Arabien

benden Muslime gehalten, wiederum in Nachahmung von Mohammeds Leitbild eine Hidschra zu vollziehen und ins »Haus des Islams« auszuwandern. In praktischer Hinsicht hatte sich diese Form der Diplomatie spätestens mit dem Vordringen des europäischen Kolonialismus ab dem achtzehnten Jahrhundert erledigt, und immer wieder gab es denn auch pragmatische Juristen, die damit zufrieden waren, dass Muslime unter nichtmuslimischer Herrschaft leben durften, solange ihnen die Ausübung ihrer Religion möglich war. Aber das Vorbild von Hudaibiya ist nach wie vor attraktiv. Yasir Arafat (gest. 2004) hat in den 1990er Jahren die palästinensisch-israelischen Verhandlungen des öfteren explizit mit der Vorgehensweise Mohammeds verglichen – was dem (rätselhafterweise immer noch so genannten) nahöstlichen »Friedensprozess« nicht unbedingt zum Vorteil gereichte.

Im praktischen Umgang mit Nichtmuslimen innerhalb des muslimischen Herrschaftsbereichs konnte man sich allerdings bereits lange zuvor diesen permanenten Kriegszustand nicht mehr leisten. Zumal mit den Juden und Christen, die als Empfänger einer Offenbarungsschrift prinzipiell anerkannt wurden (alsbald kamen auch die Zoroastrier in diesen Genuss), musste ein modus vivendi gesucht werden. Man fand ihn im Koranvers 9:29: »Kämpfet wider jene von denen, welchen die Schrift gegeben ward, die nicht glauben an Allah und an den Jüngsten Tag und nicht verwehren, was Allah und sein Gesandter verwehrt haben, und nicht bekennen das Bekenntnis der Wahrheit, bis sie den Tribut aus der Hand gemütigt entrichten.« Das befriedigte sowohl die Bedürfnisse der Theologen, die in Juden und Christen bestenfalls verstockte Halbgläubige sehen mochten, die die göttliche Botschaft verfälscht hatten, als auch die der Juristen, die sich so viel heilsgeschichtliche Prinzipienreiterei nicht leisten konnten, sondern pragmatisch verfahren mussten. Der Vers wurde zum Eckstein eines umfassenden juristischen Regelwerks, das die sogenannte »Schutzherrschaft« (*dhimma*) begründete. Demnach wurden die Nichtmuslime – in späteren Zeiten schloss man, wenn die Lage es erforderte, auch Nicht-Schriftbesitzer wie etwa die Hindus mit ein – als »Schutzbefohlene« unter den vertraglich zugesicherten Schutz durch den muslimischen Staat gestellt; sie hatten sich im Gegenzug aber etlichen, teils gravierenden rechtlichen Restriktionen zu unterwerfen: Nichtmuslime sind von hohen Staatsämtern ausgeschlossen, können nicht von Muslimen erben, dürfen keine muslimischen Frauen heiraten und haben jenen Tribut in Form einer speziellen »Kopfsteuer« (*dschisya*) zu entrichten, von der in Vers 9:29 die Rede ist.

Über viele Jahrhunderte hinweg blieb dieses System einigermaßen stabil, ehe es ab Mitte des neunzehnten Jahrhunderts Schritt für Schritt aufgelöst wurde. Unter steigendem Modernisierungsdruck von außen erkannte das Osmanische Reich 1856 alle seine Untertanen, ohne Ansehen der Religionszugehörigkeit, als gleichberechtigt an. Bis Anfang des zwanzigsten Jahrhunderts wurde die Kopfsteuer nahezu überall in der muslimischen Welt außer Kraft gesetzt, 1923 schließlich wurde die *dhimma* auch formell abgeschafft. Wie im Falle des Kalifats zog auch hier erst der Wegfall des Symbols umso grundsätzlichere Diskussionen im einschlägigen staatsrechtlichen und theologischen Schrifttum nach sich, denn schließlich handelt es sich um eine koranische Vorschrift von hohem Symbolwert, die man nicht einfach ignorieren kann.

Nicht selten läuft das auf eine Rechtfertigung der klassischen Rechtspraxis hinaus, die allerdings in moderneres Vokabular gebracht wird: Aus Schutzbefohlenen werden nichtmuslimische Mitbürger, die durch das Entrichten einer speziellen Steuer die »islamische Staatsbürgerschaft« erhalten. Auch dass in der »Islamischen Charta« des *Zentralrats der Muslime* lediglich von der »Bejahung des vom Koran anerkannten religiösen Pluralismus« die Rede ist, schafft Raum für Missverständnisse; vom Koran anerkannt sind nur die »Buchreligionen«.

Gerne wird heutzutage bei Debatten über das Verhältnis zwischen Muslimen und Nichtmuslimen auf jenen Beginn von Koranvers 2:256 verwiesen, dessen angemessenste Übersetzung »kein Zwang ist in der Religion« lautet und der denen, die ihn zitieren, als Nachweis für umfassende und kategorische Religionsfreiheit im Islam gilt. Diesen Sinn, der ihn zum Vorläufer heutiger Menschenrechtserklärungen machen würde, hat der Vers allerdings nie gehabt, und er hat ihn auch in modernen Kommentaren nicht. Allenthalben wird er nämlich kombiniert mit just jenem Vers 9:29, den wir soeben als Grundlage der rechtlichen Diskriminierung von Nichtmuslimen kennengelernt haben. Schon at-Tabari, dem wir eingangs in seiner Eigenschaft als Historiker begegnet sind, hat in seiner Koranexegese beide Verse zusammengeschmiedet: Das Verbot, Zwang auszuüben, beziehe sich auf die Schriftbesitzer, die nach Entrichtung der Kopfsteuer nicht zur Konversion zum Islam gezwungen würden, sondern ihre »nichtswürdige Religion« behalten dürften.

Religionsfreiheit im Koran?

In nahezu allen bedeutenden Kommentaren des zwanzigsten Jahrhunderts hat sich diese Sichtweise gehalten. Die Autoren unterscheiden durchweg zwischen dem inneren Glauben, der sich in der Tat jeglichem Zwang entziehe, und der äußeren Gesellschaftsordnung, die nun ein-

Innerer Glaube und äußere Gesellschaftsordnung

mal eine islamische sei und zu deren Durchsetzung Zwang sehr wohl gestattet sei. Nicht zuletzt verweisen sie auf die unmittelbare Fortsetzung des ersten Teilsatzes des Verses: »Klar ist nunmehr unterschieden das Rechte vom Irrtum.« Der libanesische Gelehrte Mohammed Husain Fadlallah (gest. 2010), der sich als spiritus rector der Hisbollah-Miliz einen Namen gemacht hat, brachte es folgendermaßen auf den Punkt: Wer angesichts dieser klaren Beweise immer noch nicht dem Islam folge, verschließe Augen und Ohren; wenn man aber die Augen schließe und die Existenz der Sonne leugne, habe das nichts mit der Sonne zu tun, sondern mit der eigenen Einbildung. Glaubensfreiheit ist eben längst noch nicht Bekenntnisfreiheit.

Zur Stellung der Apostaten

Das alles ist heikel genug. Noch heikler wird es mit Blick auf jene, die einmal Muslime waren, aber dann vom Glauben abfielen, die Apostaten also. Fadlallah legt denn auch großen Wert auf die Feststellung, dass Apostasie (ebenso wie Polytheismus) dem Interesse der Menschheit zuwiderlaufe und deshalb vom Islam nicht geduldet werde. Im klassischen Recht berief man sich auf den Propheten, der gesagt habe: »Wer seine Religion wechselt, den tötet.« Das war natürlich verkürzt ausgedrückt, denn der Wechsel der Religion hin zum Islam war ja nie ein Problem. Für diejenigen aber, die den umgekehrten Weg einschlugen, sah es nicht gut aus. Ihnen drohte die Todesstrafe, die in der Praxis lange Zeit abgemildert wurde durch die Bestimmung, einem Apostaten sei dreimal die Möglichkeit zu Reue und

Umkehr zu gewähren, selbst wenn es bei einem bloßen Lippenbekenntnis blieb. Auch in Verfahrensfragen war man flexibel. Manche Juristen nahmen etwa Frauen von der Bestrafung aus, da diese eo ipso gar nicht dazu fähig seien, eine eigene Entscheidung zu treffen und bewusst vom Glauben abzufallen; es sei Aufgabe ihres Mannes, sie wieder zum Islam zurückzuführen.

Spätere Juristen beurteilten das aber rigider, und die Möglichkeit der Reue fiel immer leichter unter den Tisch. Für den berühmten Theologen Abu Hâmid al-Ghazâli (gest. 1111) war bereits ein Ungläubiger und daher apostasieverdächtig, wer die Erschaffung der Welt, die Allwissenheit Gottes oder die körperliche Wiederauferstehung leugnete, kurz: wer dem Propheten unterstellte, in irgendeinem Punkt seiner Botschaft die Unwahrheit gesagt zu haben. Die Bezichtigung des Unglaubens (*takfîr*) wurde in der Folgezeit eine wirksame Waffe gegen missliebige Gegner in den eigenen Reihen und im zwanzigsten Jahrhundert, im Zuge des Erstarkens fundamentalistischer Strömungen, zu einer Gefahr für Leib und Leben von Dissidenten. Im Juni 1992 wurde der ägyptische Publizist Farag Fôda, der sich als dezidierter Befürworter des Säkularismus und als scharfzüngiger Kritiker des religiösen Establishments exponiert hatte, in Kairo auf offener Straße erschossen. Im Prozess gegen die Mörder trat Mahmûd Mazrû'a, Theologieprofessor an der Azhar-Universität, als Zeuge der Verteidigung in Erscheinung: Fôda sei ganz klar als Apostat anzusehen, da bereits die Kritik an religiösen Geset-

Bezichtigung des Unglaubens

zen oder der Verstoß gegen einzelne Dogmen in diesem Sinne strafwürdig sei, weil dadurch die gesamte Gemeinde der Gläubigen verunsichert würde. Die Tötung eines Apostaten sei eine Kollektivpflicht, die dann von einzelnen Muslimen ausgeübt werden dürfe, wenn die dafür an sich zuständigen staatlichen Stellen diese ihre Pflicht versäumten. Die Mörder Fôdas hätten also nur getan, was der Staat hätte tun müssen, denn ein straffrei bleibender Gegner des Islams sei allemal schlimmer als ein fälschlich Getöteter. Ohnedies reiche es unter diesen Umständen nicht aus, sich allein auf die vom Koran angekündigten schweren Strafen für Ungläubige im Jenseits zu verlassen – die Apostaten glaubten ja vielleicht gar nicht an ein Jenseits. Auch Theologen ziehen es offensichtlich vor, nicht immer nur auf ihren Gott zu vertrauen.

Passt der Islam zu Europa?

Mohammed im Kampf der Kulturen

Die Geschichte der Religionen ist eine Geschichte menschlicher Hoffnungen, und Propheten als Gesandte eines erhofften Gottes sind Projektionsflächen für alles und jeden. Um ein heute oft verwendetes Bild zu bemühen: Sie sind diejenigen, die im religiösen Supermarkt die Regale einräumen. Das bringt es aber unausweichlich mit sich, dass sie der menschlichen Sphäre vollkommen entrückt werden und, gerade wenn man ihre Geschichtlichkeit als gegeben voraussetzt, sagenumwobene Züge annehmen. Die historische Gestalt verschwindet hinter dem Mythos.

Im religiösen Supermarkt

Diese Feststellung gilt im Falle Mohammeds für seine Anhänger – wir erinnern uns an Qâdi Iyâds Warnung, die Quellen zu seiner Vita zu sorgfältig zu studieren – wie für seine Gegner gleichermaßen. Das abendländische Mohammed-Bild, jedenfalls bis zur Aufklärung ab dem achtzehnten Jahrhundert, ließ denn auch kein einziges Klischee aus dem reichhaltigen Reservoir religiöser Polemik aus. Die, die zuerst kamen, taten sich naturgemäß am leichtesten: Für sie war der Islam gar keine eigenständige Religion, sondern schlicht eine christliche Irrlehre, die von einem Pseudo-Propheten in die Welt gesetzt worden war. Johannes Damascenus (gest. um 750) war einer der Ersten überhaupt, die von dieser religiösen Bewegung

Eine »christliche Irrlehre«

unter den »Ismaeliten«, wie er sie nannte, berichteten. Damit spielte er auf Ismael an, den Sohn Abrahams, der von Hagar geboren worden war, und den man als den Stammvater der Araber betrachtete. Der »falsche Prophet namens Mamed«, der unter ihnen seine Irrlehre verbreite, fand Aufnahme in Johannes' Buch *Über die Häresien.*

Mittelalterliche Polemik Zahllose Priester und Bischöfe, Dichter und Epiker des Mittelalters haben es ihm gleichgetan und Mohammed als einen Epileptiker, falschen Gott oder als Vorboten der Apokalypse, als Antichrist, auftreten lassen. Besondere Aufmerksamkeit wurde seinem irdischen Schicksal – oder dem, was man dafür hielt – zuteil, und mit geradezu sadistischer Freude malte man sich in mittelalterlichen Heldenliedern wie etwa dem *Rolandslied* aus, wie der Leib des volltrunkenen Mohammed auf einem Misthaufen von Schweinen aufgefressen wurde. Sein Sarg, so wussten die Epen weiter, werde von magischen Magneten in der Luft gehalten, damit es den Gläubigen so vorkomme, als ob Gott selbst das bewirkte. Dante (gest. 1321) ließ Mohammed (und interessanterweise Ali, den Stammvater der Schia) im 28. Gesang seines *Inferno* mit aufgeschlitztem Leib und heraushängenden Gedärmen in der Hölle sitzen; das war ein Teil dessen, was man sich im dramatischen vierzehnten Jahrhundert in Europa unter einer *Göttlichen Komödie* vorstellte.

Islamkritik als Kritik am Zeitgeist Vom »falschen Propheten« war es dann nicht mehr weit zum »Betrüger«, dem man allerlei Tricks zuschrieb, mit denen er seine Anhänger blendete. Das hatte den polemischen Mehrwert, dass man nebenher sein Mütchen an den Gegnern in den jeweils eigenen Reihen kühlen konnte. Ein berühmtes Beispiel dieser Kategorie ist eine 1697 erschienene Streitschrift des englischen Kirchenmannes Humphrey Prideaux (gest. 1724) mit dem ebenso umständlichen wie erhellenden Titel *Die wahre Natur der Hochstapelei, vollständig dargetan am Leben Mahomets, nebst einer beigegebenen Abhandlung zur Verteidigung des Christentums gegen diese Anwürfe, den Deisten des gegenwärtigen Zeitalters zur gefälligen Betrachtung.* Gut die Hälfte des Buchs ging gegen den Islam, der Rest gegen den Deismus, d. h. jene Form des christlichen Glaubens, die Gott auf seine Rolle als Schöpfer der Welt reduzierte, aus der er sich dann allerdings, ohne weitere Wundertaten und Trinität, zurückgezogen hatte.

> **Solche Ablenkungsmanöver waren anderen nicht minder geläufig: auch Luther (gest. 1546), der im Islam eine Strafe Gottes für die verkommenen Zustände innerhalb des Christentums sah, schlug den Sack und meinte den Esel, in seinem Falle natürlich den Papst, der für ihn das abendländische Pendant zum Antichrist Mohammed war.**

Zunehmende Aufklärung und abnehmende Türkengefahr ließen die abseitigen Polemiken zwar nicht verschwinden, schufen aber doch Raum für Alternativen, und zwar nicht nur innerhalb der

Deutungswandel

Orientalistik, von deren Aufkommen als akademischer Disziplin oben bereits die Rede war. Allerdings änderte sich wenig am prinzipiellen Bestreben, die Figur Mohammeds als Abziehfolie für den jeweiligen Zeitgeist zu benutzen. Voltaire (gest. 1778) beispielsweise ließ Mohammed in seinem Theaterstück *Der Fanatismus oder Mohammed der Prophet* ziemlich schlecht wegkommen, um damit die katholische Kirche zu geißeln. Einige Jahre später jedoch beförderte er ihn in einem Essay *Über die Sitten und den Geist der Völker* zum Gesetzgeber, der etwas besser dasteht. Andere Denker, einige bekannt, viele heute vergessen, machten aus ihm den Begründer einer »vernünftigen Religion« (die sie offensichtlich in Europa nirgends mehr finden konnten) oder reihten ihn bruchlos in den Geniekult des neunzehnten Jahrhunderts ein. Letzteres tat in erster Linie der schottische Literat Thomas Carlyle (gest. 1881) in seiner berühmt gewordenen Abhandlungen *Über Helden, Heldenverehrung und das Heldenhafte in der Geschichte* von 1841, in der er Mohammed in eine bunte Reihe mit Dante, Shakespeare, Luther, Rousseau, Napoleon und anderen stellte. Es wurde im neunzehnten Jahrhundert üblich, Mohammed verstärkt in seiner Rolle als Staatsmann und entschlossenen militärischen Führer zu sehen, und die Charakterisierung als »fanatisch«, die man dann meist recht schnell bei der Hand hatte, war durchaus nicht immer negativ gemeint.

Der »Kampf der Kulturen«

Feindschaft und Häme einerseits, Schwärmerei andererseits sind auch am Beginn des 21. Jahr-

KONTROVERSEN

hunderts die beiden Pole, zwischen denen die Mohammed-Wahrnehmung oszilliert. Beides zusammen ergibt eine nicht immer spannungsfreie Mischung, und wie nicht anders zu erwarten, ist Mohammed heute ein nicht mehr wegzudenkender Bestandteil des »Kampfs der Kulturen«. Egal, ob man letzteren für verantwortungsloses Geschwätz oder kühle politische Analyse hält – man wird um die Feststellung nicht herumkommen, dass es sich dabei um eine Prophezeiung handelte, die sich weitgehend selbst erfüllt hat, zumal nach dem 11. September 2001.

Kontroversen über Mohammed können heutzutage unkalkulierbare politische Folgen haben, weil sie sich so leicht für politische Zwecke instrumentalisieren lassen. Schon als der damalige iranische Revolutionsführer Khomeini (gest. 1989) im Februar 1989 Salman Rushdie für dessen angeblich gotteslästerliche Darstellung des Propheten in seinem Roman *Die Satanischen Verse* für vogelfrei erklärte, sollte das nicht zuletzt von innenpolitischen Problemen in Iran selbst ablenken. Ähnliches gilt für den sogenannten Karikaturenstreit vom Februar 2006, als die Publikation von zwölf Mohammed-Zeichnungen in einer dänischen Tageszeitung für Ausschreitungen in zahlreichen Ländern sorgte. Auch hier waren die meisten Demonstrationen gegen die Karikaturen, die über vier Monate zuvor erschienen waren, längst nicht so spontan, wie sie wirken sollten; am Ende ließen über 130 Menschen ihr Leben.

Unkalkulierbare
politische Folgen

**Mohammed in
der Integrations-
debatte**

Die Projektionsfläche Mohammed leistet mittlerweile – es wäre überraschend, wenn es anders
wäre – auch bei Diskussionen über die Integration von Muslimen in Europa treffliche Dienste.
Zwei vor wenigen Jahren erschienene Biographien illustrieren das auf idealtypische Weise.
Die eine stammt von dem holländischen Islam-
wissenschaftler Hans Jansen, der sich als Fach-
mann für neuzeitlichen islamischen Funda-
mentalismus einen Namen gemacht hat. Er
beabsichtigt gar nicht erst die Rekonstruktion
der Vita des Propheten, deren Quellen er äußerst
skeptisch beurteilt. Statt dessen referiert er Ibn
Ishâqs Lebensbeschreibung, in oft sarkastischem
Ton und unter besonderer Betonung all des
Wundersamen und der Engel, die von vielen anderen westlichen Autoren, die Ibn Ishâq generell
Glauben schenkten, gern weggelassen wurden,
weil sie mit rationalen Maßstäben kaum vereinbar sind. Neben einer grundsätzlichen Verwerfung der Quellen geht es ihm darum, das Leben
des Propheten als Kopiervorlage für heutige

Muslime unbrauchbar zu machen. Mehrfach appelliert er darum an »moderne Muslime«, und fragt sie, ob sie wirklich heute noch einem derartigen Vorbild folgen wollen.

Jansens Buch diametral entgegengesetzt ist das Ansinnen Tariq Ramadans, des vielleicht bekanntesten (und umstrittensten) muslimischen Intellektuellen in Europa. Seine Lebensbeschreibung des Propheten ist eine schwärmerische Wiedergabe der Tradition, wie sie bei Ibn Hischâm und in den Hadith-Sammlungen von Buchari und Muslim nachzulesen ist, und er wird nicht müde zu betonen, wie sehr Mohammed das zu liebende Vorbild für alle Muslime zu allen Zeiten und an allen Orten sei. Die mit ihm nach Medina ausgewanderten *Muhâdschirûn* beschreibt er folglich als diejenigen, die sich in einer ihnen fremden Umgebung erfolgreich integrieren; Mohammed selbst gelingt das so gut, dass er nach der Eroberung Mekkas gar nicht mehr nach Medina zurück will. Erscheint Mohammed bei Jansen als Gewalttäter, der gut achtzig Meuchelmorde auf dem Gewissen hat, zeichnet ihn Ramadan als einen grundgütigen und milden Weisen, den der Umweltschutz nicht minder umtreibt als die Stellung der Frau und das Verhältnis zu den Nichtmuslimen.

Jansen will die Europäer mit Mohammeds Kriegslust vor dem Islamismus warnen, Ramadan will den Islam mit Mohammeds Friedfertigkeit als Europa-kompatibel darstellen. Beides hat mit der historischen Person Mohammeds nur be-

Ein Vorbild der Integration

Projektionsfläche Mohammed

dingt zu tun; aber um die geht es ja nicht. Jede Religion, resümiert Jansen trocken, ist im Prinzip das, was ihre Anhänger daraus machen. Aber auch Ramadan mag sich der Einsicht seines Propheten nicht verschließen: »Der wahrhaft Starke ist der, der seinen Zorn im Griff hat.« Wer möchte da schon widersprechen?

Schluss

> Gottlosigkeit: Dein Mangel an Ehrfurcht
> gegenüber meiner Gottheit
> (Ambrose Bierce)

Hagiographie und Polemik sind zwei Seiten ein und derselben Medaille. Natürlich ist die mittelalterliche Geschichte von Mohammeds schwebendem Sarg, bei Licht betrachtet, zusammenphantasierter blühender Unsinn. Beim selben Licht betrachtet, gilt das allerdings auch für die frommen Erzählungen von der Brustöffnung über die Mondspaltung bis zur Himmelfahrt Mohammeds. Sicher war Dante auf einem Auge blind; aber das war auch Qâdi Iyâd, wenngleich auf dem anderen. Es mag emotional befriedigend sein, den einen Autor dafür zu schelten, den anderen dagegen in Schutz zu nehmen, dass er im zwölften respektive vierzehnten Jahrhundert nicht nach den Maßstäben von Toleranz und Rationalität schrieb, wie wir sie heutzutage (vielleicht) für wünschenswert halten – intellektuell redlich ist es nicht.

Zwei Seiten derselben Medaille

Verzerrt und voreingenommen sind beide Darstellungen, da sämtliche vormoderne Autoren, sowohl auf muslimischer wie auch auf christlicher Seite, Geschichte nicht anders wahrzunehmen vermochten denn in theologischen Kategorien: Dinge geschahen, weil Gott in Seiner unergründlichen Weisheit es so und nicht anders

Gott in der Geschichte

wollte, Siege waren eine Belohnung für Recht-
gläubigkeit, Niederlagen (wie auch Naturkata-
strophen) eine Bestrafung für Abirrung. Erst
Aufklärung und Säkularisierung haben histo-
risch-kritisches Denken gefördert und die Unbe-
dingtheit der eigenen Glaubensgewissheit in
Frage gestellt.

**Glaube als
politische Waffe**
In weiten Teilen der heutigen muslimischen
Welt ist davon, jedenfalls was den Umgang mit
der Gestalt Mohammeds angeht, wenig zu spü-
ren. Die über die Jahrhunderte ins Unermessliche gesteigerte Prophetenverehrung ist vollends
zu einer politischen Waffe geworden. Qâdi Iyâd
oder Ibn Taimiya hatten die Todesstrafe für denjenigen gefordert, der den Propheten beleidigte;
mancherorts erinnert man sich dieser Tage gerne
der Wirksamkeit derartiger Drohgebärde. Das
Blasphemiegesetz von Pakistan besagt ausdrücklich: »Wer durch geschriebene oder gesprochene
Worte, durch sichtbare Zeichen, eine mittelbare
oder unmittelbare Unterstellung, versteckte Anspielung oder Andeutung den geheiligten Namen des heiligen Propheten Mohammed besu-
delt, ist mit dem Tod oder einer lebenslangen
Freiheitsstrafe sowie gegebenenfalls auch durch
Verhängung einer Geldbuße zu bestrafen.« Der
Minister für religiöse Minderheiten, der sich wiederholt kritisch über das Gesetz geäußert hatte,
wurde im März 2011 auf offener Straße er-
mordet. Dass sich heute, in einer sehr klein gewordenen Welt, solche Konflikte nicht mehr lokal begrenzen lassen, liegt auf der Hand: Beim
Karikaturenstreit verlangten zahlreiche Spruch-

bänder (der besseren internationalen Verständlichkeit halber meist auf Englisch) die Liquidierung all derer, die sich abfällig über den Propheten äußerten.

Dass Mohammed und die ihm zugeschriebene Offenbarung in weiten Teilen der heutigen muslimischen Welt zentrale Identitätsanker sind, muss niemanden wundern. Schließlich wird auch hierzulande die ritualisierte Frage, ob »der Islam« friedlich oder unfriedlich sei, allenthalben reflexhaft mit dem Rezitieren von Koranversen pro und contra beantwortet. Auch in Deutschland hat man inzwischen ein »post-säkulares« Zeitalter ausgerufen und die Religion wieder zu einem bestimmenden Wesensmerkmal des Menschen erklärt, letztlich um den Preis der Islamisierung der Integrationsdebatte. Besonders augenfällig ist das bei den gegenwärtigen Diskussionen darüber, Islamische Theologie an staatlichen Universitäten einzuführen, unter anderem mit dem Ziel, Lehrer für islamischen Religionsunterricht an öffentlichen Schulen auszubilden. Hintergrund des Ansinnens ist jener Artikel 7,3 des Grundgesetzes, der dem bekenntnisgebundenen Religionsunterricht in einem säkularen Staat den Rang eines Grundrechts einräumt. Da dieser für die christlichen Konfessionen eine Selbstverständlichkeit ist, so die allgemeine Auffassung, muss es ihn in derselben Form auch für die Muslime geben. Den anderen möglichen Weg – nämlich den nach Religionszugehörigkeit getrennten bekennenden Unterricht generell durch einen neutralen gemeinsamen religionskundlichen Unterricht für alle Schüler zu ersetzen und den im Grunde genommen absurden Grundgesetzartikel abzuschaffen – will man denn doch nicht riskieren.

Eine gewichtige Botschaft

Postskriptum: Am 23. August 2011 berichtete die saudi-arabische Tageszeitung *Arab News* von Plänen, ein Mohammed-Buch von nie dagewesenen Dimensionen zu publizieren: die 420 Seiten im Format von vier mal fünf Metern werden voraussichtlich 1,6 Tonnen wiegen. Neben einer »korrekten« minutiösen Darstellung von Leben und Lehren Mohammeds sollen 100 »wissenschaftliche Tatsachen« aus den Bereichen Medizin, Ingenieurswesen und Landwirtschaft einfließen, um die Schmutzkampagnen der Feinde des Islams gegen das Bild des Propheten zu widerlegen. Das Buch soll in vier Sprachen übersetzt werden und seinen Herausgebern, der »Organisation für die wissenschaftlichen Wunder im Heiligen Koran«, einen Eintrag im *Guinness Buch der Rekorde* bescheren.

Mohammed war, ist und bleibt ein Prophet, wie er Euch gefällt.

Anhang

Glossar

ahl al-kitâb: »Schriftbesitzer«; die islamische
Bezeichnung für Juden, Christen und Zoroastrier als Empfänger vorhergehender Offen-
barungsschriften

ansâr: »Helfer«; die Einwohner Medinas, wohin
Mohammed 622 floh.

asbâb an-nuzûl: »Anlässe der Offenbarung«;
Überlieferungen, die die historischen
Umstände erklären sollen, unter denen ein
bestimmter Koranvers geoffenbart worden
sein soll.

Châridschiten: die »Hinausgehenden«; Gruppe
in den frühislamischen Kämpfen um die
Nachfolge Mohammeds, die nicht die
Stammes- oder Familienzugehörigkeit,
sondern nur die Frömmigkeit als Kriterium
rechtmäßiger Herrschaft gelten ließ.

dâr al-harb: »Haus des Krieges«; im klassischen
islamischen Recht Bezeichnung für das nicht-
islamische Territorium, im Gegensatz zum

dâr al-islâm: »Haus des Islams«; Bezeichnung
für das islamische Herrschaftsgebiet

dhimma: »Schutzherrschaft«: im klassischen
islamischen Recht das Vertragsverhältnis
zwischen Muslimen und Nichtmuslimen, das

letztere gegen Bezahlung der Kopfsteuer (→ *dschisya*) unter den Schutz des islamischen Staates stellt, dessen Oberhoheit sie damit zugleich anerkennen.

dschâhiliya: »Unwissenheit«; Bezeichnung für die vorislamische Zeit.

dschihâd: etwa: »heiliger Kampf«; Aufruf, »auf dem Wege Gottes« zu streiten.

dschisya: »Kopfsteuer«, die nach dem klassischen Recht von Nichtmuslimen im Zuge der → *dhimma* zu bezahlen ist.

fatwa: Rechtsgutachten

fitna: »Anfechtung«; Bezeichnung für Bürgerkriege sowie Vorzeichen der Apokalypse.

Hadith: Überlieferung der Taten und Worte Mohammeds.

hadsch: jährliche Pilgerfahrt nach Mekka; als Religionspflicht von jedem Muslim einmal im Leben zu absolvieren.

Hanifen: Bezeichnung für vorislamische Anhänger eines Monotheismus, der jedoch nicht jüdisch oder christlich war.

Hidschra: »Auswanderung«; Flucht Mohammeds von Mekka nach Medina im Jahr 622, Beginn der islamischen Zeitrechnung.

idschmâ': »Konsens« der Rechtsgelehrten; neben Koran und Hadith dritte Rechtsquelle des sunnitischen Rechts.

i'dschâs: »Unfähigmachen«; islamische Lehre von der Unnachahmlichkeit des Korantexts; Beglaubigungswunder Mohammeds.

isnâd: Überliefererkette eines jeden Hadith; Aufzählung aller Personen, die den Text der Überlieferung (→ *matn*) weitergegeben haben.

maghâzi: Kriegszüge Mohammeds nach seiner Flucht nach Medina.

mahdî: »Rechtgeleiteter«; im schiitischen Islam Bezeichnung für den zwölften Imam, der am Ende der Zeiten als Messias erwartet wird.

matn: der eigentliche Text eines Hadith, im Unterschied zum → *isnâd.*

maulid: Geburtstag des Propheten.

mi'râdsch: Himmelfahrt Mohammeds.

muhâdschirûn: »Auswanderer«; diejenigen, die zusammen mit Mohammed 622 die → *Hidschra* absolvierten.

qibla: Gebetsrichtung; wies ursprünglich nach Jerusalem, wurde nach der → *Hidschra* in Richtung Mekka geändert.

Quraisch: Stamm Mohammeds.

sahîh: »gesund«; Bezeichnung für jene Hadithe, deren → *isnâd* als tadellos anerkannt wird.

Salafiya: Sammelbezeichnung für muslimische Reformbewegungen des neunzehnten und zwanzigsten Jahrhunderts, die unter Berufung auf die »rechtschaffenen Altvorderen« (*as-salaf as-sâlih*) die Wiederherstellung der idealisierten Urgemeinde Mohammeds in Medina fordern.

salât: fünfmal am Tag zu verrichtendes Pflichtgebet.

Sasaniden: vorislamische Herrscher Persiens.

saum: einmonatiges Fasten im Monat Ramadan.

schahâda: muslimisches Glaubensbekenntnis (»Es gibt keinen Gott außer Allah, und Mohammed ist sein Prophet«).

Schia, Schiiten: »Partei«; Anhänger von Ali ibn Abi Tâlib, der nach Mohammeds Tod Anspruch auf dessen Nachfolge erhob.

schirk: »Beigesellung, Polytheismus«; Bezeichnung für jede Übertretung des strikten islamischen Monotheismus (→ *tauhîd*).

sîra: Sammelbezeichnung für die biographische Literatur über Mohammed.

Sufik, Sufismus: islamische Mystik.

sunna: »Brauch«; Vorbild Mohammeds in Recht und Alltagsleben, mehr oder weniger Synonym zu → Hadith.

tahrîf: »Schriftfälschung«; Vorwurf des Islams gegen die Juden und Christen sowie innerhalb des Islams der Schiiten gegen die Sunniten.

takfîr: »Verketzerung«; Bezichtigung des Unglaubens und der Apostasie.

tauhîd: Eingottglaube; monotheistischer Gegenbegriff zu → *schirk*.

ulamâ': muslimische Religionsgelehrte.

umma: Glaubensgemeinschaft.

zakât: Pflichtalmosen.

Ausgewählte Literatur:

Asma Afsaruddin (2008): The First Muslims. History and Memory, Oxford: Oneworld.

Ludwig Ammann (2001): Die Geburt des Islam. Historische Innovation durch Offenbarung, Göttingen: Wallstein.

Hartmut Bobzin (2000): Mohammed, München: Beck.

Hartmut Bobzin (1999): Der Koran, München: Beck.

Jonathan E. Brockopp (2010, Hrsg.): The Cambridge Companion to Muhammad, Cambridge: Cambridge University Press.

Jonathan A.C. Brown (2009): Hadith. Muhammad's Legacy in the Medieval and Modern World, Oxford: Oneworld.

Jonathan A.C. Brown (2011): Muhammad. A Very Short Introduction, Oxford: Oxford University Press

Rainer Brunner (2001): Die Schia und die Koranfälschung, Würzburg: Ergon.

al-Buhari (2010): Die Sammlung der Hadithe, Stuttgart: Reclam (auszugsweise Übersetzung).

Frants Buhl (1930): Das Leben Muhammeds, Leipzig: Quelle & Meyer.

Johann Christoph Bürgel (1991): Allmacht und Mächtigkeit. Religion und Welt im Islam, München: Beck.

Thomas Carlyle (1993): On Heroes, Hero-Worship and the Heroic in History, Notes and introd. by Michael K. Goldberg, Berkeley: University of California Press.

Jacqueline Chabbi (1997): Le Seigneur des Tribus. L'Islam de Mahomet, Paris: Noêsis.

Michael Cook (1983): Muhammad, Oxford: Oxford University Press.

Patricia Crone & Michael Cook (1977): Hagarism. The Making of the Islamic World, Cambridge: Cambridge University Press.

Patricia Crone (1987): Meccan Trade and the Rise of Islam, Oxford: Basil Blackwell.

Patricia Crone (2006): What do we actually know about Mohammed?, <http://www.opendemocracy.net/faith-europe_islam/mohammed_3866.jsp>.

Norman Daniel (1997): Islam and the West. The Making of an Image, Oxford: Oneworld (zuerst 1960).

Ali Dashti (1997): 23 Jahre. Die Karriere des Propheten Muhammad, Aschaffenburg: Alibri (persisches Original 1973/74).

Fred M. Donner (1998): Narratives of Islamic Origins. The Beginnings of Islamic Historical Writing, Princeton: Darwin.

Fred M. Donner (2010): Muhammad and the Believers. At the Origins of Islam, Cambridge, MA: Belknap.

Hans-Georg Ebert / Assem Hefny (2010): Der Islam und die Grundlagen der Herrschaft. Übersetzung und Kommentar des Werkes von Alî Abd ar-Râziq, Frankfurt: Peter Lang.

Werner Ende (1981): Mustafa ‚Aqqads ‚Muhammad'-Film und seine Kritiker, in: Hans-Robert Roemer (Hrsg.): Studien zur Geschichte und Kultur des Vorderen Orients, Leiden: Brill, S. 32–52.

Yohanan Friedmann (2003): Tolerance and Coercion in Islam. Interfaith Relations in the Muslim Tradition, Cambridge: Cambridge University Press.

Ignaz Goldziher (1888): Muhammedanische Studien, Halle: Niemeyer.

Muhammad Hussain Haikal (1987): Das Leben Muhammads, Siegen: Tackenberg (arab. Original Kairo 1935).

Heinz Halm (1988): Die Schia, Darmstadt: Wissenschaftliche Buchgesellschaft.

G.R. Hawting (1999): The Idea of Idolatry and the Emergence of Islam. From Polemic to History, Cambridge: Cambridge University Press.

Marshall G.S. Hodgson (1974): The Venture of Islam. Conscience and History in a World Civilization, 3 Bde., Chicago: University of Chicago Press.

Robert Hoyland (1997): Seeing Islam as Others Saw it. A Survey and Evaluation of Christian, Jewish and Zoroastrian Writings on Early Islam, Princeton: Darwin.

Robert Hoyland (2007): Writing the Biography of the Prophet Muhammad. Problems and Solutions, History Compass 5 (2007), S. 581-602.

Ibn Ishaq (1955): The Life of Muhammad, Oxford: Oxford University Press (vollständige Übersetzung von A. Guillaume).

Ibn Ishaq (1999): Das Leben des Propheten, Kandern: Spohr (auszugsweise Übersetzung von Gernot Rotter).

Ibn Warraq (2000, Hrsg.): The Quest for the Historical Muhammad, New York: Prometheus (Wiederabdruck wichtiger Aufsätze).

Hans Jansen (2008): Mohammed. Eine Biographie, München: Beck.

Marion Holmes Katz (2007): The Birth of the Prophet Muhammad. Devotional Piety in Sunni Islam, London: Routledge.

Hugh Kennedy (2007): The Great Arab Conquests. How the Spread of Islam Changed the World we Live in, London: Weidenfeld & Nicolson.

Tarif Khalidi (2009): Images of Muhammad. Narratives of the Prophet in Islam across the Centuries, New York: Doubleday.

Christoph Luxenberg (2004): Die Syro-Aramäische Lesart des Koran. Ein Beitrag zur Entschlüsselung der Koransprache, Berlin: Schiler (zuerst 2000).

Jane Dammen McAuliffe (2006): The Cambridge Companion to the Qur'an, Cambridge: Cambridge University Press.

Wilferd Madelung (1997): The Succession to Muhammad. A Study of the Early Caliphate, Cambridge: Cambridge University Press.

Fritz Meier (2002): Bemerkungen zur Mohammedverehrung. Teil 1: Die Segenssprechung über Mohammed, Leiden: Brill.

Harald Motzki (2000, Hrsg.): The Biography of Muhammad. The Issue of the Sources, Leiden: Brill.

Tilman Nagel (2008): Mohammed. Leben und Legende, München: Oldenbourg.

Tilman Nagel (2008): Allahs Liebling. Ursprung und Erscheinungsformen des Mohammedglaubens, München: Oldenbourg.

Tilman Nagel (2010): Mohammed. Zwanzig Kapitel über den Propheten der Muslime,

München: Oldenbourg (Zusammenfassung der beiden vorstehenden Bücher).

Yahya ibn Sharaf al-Nawawi (2007): Das Buch der vierzig Hadithe, Frankfurt: Verlag der Weltreligionen.

Angelika Neuwirth (2010): Der Koran als Text der Spätantike. Ein europäischer Zugang, Berlin: Verlag der Weltreligionen.

Gordon Darnell Newby (1989): The Making of the Last Prophet. A Reconstruction of the Earliest Biography of Muhammad, Columbia, SC: University of South Carolina Press.

Albrecht Noth (1987): „Früher Islam", in: Ulrich Haarmann (Hrsg.): Geschichte der arabischen Welt, München: Beck, S. 11-100.

Karl-Heinz Ohlig & Gerd-Rüdiger Puin (³2007, Hrsg.): Die dunklen Anfänge. Neue Forschungen zur Entstehung und frühen Geschichte des Islam, Berlin: Schiler.

Karl-Heinz Ohlig (2007, Hrsg.): Der frühe Islam. Eine historisch-kritische Rekonstruktion anhand zeitgenössischer Quellen, Berlin: Schiler.

Francis E. Peters (1994): Muhammad and the Origins of Islam, Albany: State University of New York Press.

Francis E. Peters (2011): Jesus and Muhammad. Parallel Tracks, Parallel Lives, Oxford: Oxford University Press.

David S. Powers (2009): Muhammad Is Not the Father of Any of Your Men. The Making of the Last Prophet, Philadelphia: University of Pennsylvania Press.

Humphrey Prideaux (1697): The true Nature of Imposture Fully Display'd in the Life of

Mahomet: With a Discourxe annex'd for the
Vindication of Christianity from this Charge;
Offered to the Consideration of the Deists of
the Present Age, London.

Tariq Ramadan (2009): Muhammad. Auf den
Spuren des Propheten, München: Diederichs.

Ernest Renan (1851): Mahomet et les origines de
l'islamisme, Revue des deux mondes 12
(1851), S. 1063–1101.

Chase F. Robinson (2010, Hrsg.): The New
Cambridge History of Islam. Volume 1:
The Formation of the Islamic World, Sixth to
Eleventh Centuries, Cambridge: Cambridge
University Press.

Maxime Rodinson (1994): Mahomet. Nouvelle
édition revue par l'auteur, Paris: Seuil (zuerst
1968).

Mathias Rohe (2009): Das islamische Recht.
Geschichte und Gegenwart, München: Beck.

Olivier Roy (2010): Heilige Einfalt. Über die
politische Gefahr entwurzelter Religionen,
München: Siedler.

Uri Rubin (1995): The Eye of the Beholder. The
Life of Muhammad as Viewed by the Early
Muslims, Princeton: Darwin.

Uri Rubin (1998, Hrsg.): The Life of
Muhammad, Aldershot: Ashgate (Wiederabdruck wichtiger Aufsätze).

Annemarie Schimmel (1981): Und Muhammad
ist Sein Prophet. Die Verehrung des
Propheten in der islamischen Frömmigkeit,
Düsseldorf: Diederichs.

Gregor Schoeler (1996): Charakter und
Authentie der muslimischen Überlieferung

über das Leben Mohammeds, Berlin:
Walter de Gruyter.

Marco Schöller (2008): Mohammed, Frankfurt:
Suhrkamp.

Peter Sivers (2003): The Islamic Origins Debate
Goes Public, History Compass 1 (2003), ME
058, S. 1–16.

Charles D. Smith (1973): The ‚Crisis of Orienta-
tion‘: The Shift of Egyptian Intellectuals to
Islamic Subjects in the 1930's, International
Journal of Middle East Studies 4 (1973),
S. 382–410.

Alois Sprenger (1861–65): Das Leben und die
Lehre des Mohammad, nach bisher grössten-
teils unbenutzten Quellen, 3 Bände, Berlin:
Nicolai.

Amina Wadud (1999): Qur'an and Woman.
Reading the Sacred Text from a Woman's
Perspective, New York: Oxford University
Press.

John Wansbrough (1978): The Sectarian Milieu.
Content and Composition of Islamic Salvation
History, Oxford: Oxford University Press.

W. Montgomery Watt (1953): Muhammad at
Mecca, Oxford: Oxford University Press.

W. Montgomery Watt (1956): Muhammad at
Medina, Oxford: Oxford University Press.

W. Montgomery Watt (1961): Muhammad.
Prophet and Statesman, Oxford: Oxford
University Press.

Julius Wellhausen (1882): Muhammed in
Medina. Das ist Vakidi's Kitab al-Maghazi in
verkürzter deutscher Wiedergabe, Berlin:
G. Reimer.

Antonie Wessels (1972): A Modern Arabic Biography of Muhammad. A Critical Study of Muhammad Husayn Haykal's Hayat Muhammad, Leiden: Brill.

Rotraud Wielandt (1971): Offenbarung und Geschichte im Denken moderner Muslime, Wiesbaden: Franz Steiner.

Der Koran wird zitiert nach: Der Koran. Aus dem Arabischen übersetzt von Max Henning. Einleitung und Anmerkungen von Annemarie Schimmel, Stuttgart: Reclam, 1960.

Bildnachweise

Abb. S. 21, 108: © dpa
Abb. S. 55, 74: © Rainer Brunner
Abb. S. 96: © Andreas Wenzel